Petra Schwienbacher

Glücksorte in Südtirol

Fahr hin & werd glücklich

Dieses

Glücksbuch

ist für

Liebe Glücksuchende,

wenn ihr an Südtirol denkt, kommen euch vielleicht die Drei Zinnen im UNESCO-Welterbe Dolomiten, der malerische Karersee oder der Pragser Wildsee in den Sinn … Aber Südtirol ist noch so viel mehr als diese bekannten Orte, von denen ich in diesem Buch einige berühmte und leider überlaufene Sehenswürdigkeiten bewusst weggelassen habe. Ich muss zugeben, anfangs war es schwierig, mich für 80 Orte zu entscheiden. Bis mir klar wurde, dass das Glück hierzulande immer und überall lauert. Bei jedem Gespräch mit den herzlichen Bewohnern des kleinen Alpenlandes, bei jedem Happen Südtiroler Tradition und bei jedem guten Glas Wein. Bei jeder Wanderung auf einen Gipfel und bei jedem Sonnenaufgang. Südtirol ist einfach Lebensfreude pur und jeder Platz birgt großes Glückspotenzial.

Dieses Buch ist als Momentaufnahme zu betrachten. Subjektiv und ehrlich. Einfach eine kleine Sammlung der schönsten Fleckchen, die glücklich machen. Das sind teilweise bekannte, teilweise unbekannte Plätze, versteckte Cafés und erfreuliche Erlebnisse.

Also los geht's. Macht euch auf Entdeckungsreise zu 80 Glücksorten in Südtirol. Ich bin mir sicher, auf dem Weg dorthin findet ihr unzählige weitere. Ihr müsst nur die Augen offen halten und auch den kleinen Dingen die Chance geben, zu ganz großen Glücksorten zu werden.

Eure Petra Schwienbacher

Deine Glücksorte ...

… noch mehr Glück für dich

"Glück"

Panorama-Hüttenwanderung

1 Vom Nigerpass zur Haniger Schwaige bei Tiers

Dem majestätischen Rosengarten-Massiv, genauer gesagt der Laurinswand und den Vajoletttürmen zu Füßen liegt eine kleine, charmante Hütte. Und genau diese Hütte auf 1937 Metern ist zurecht ein beliebtes Ausflugsziel und ein kleiner Glücksort.

Nicht nur der Hütte selbst wegen, sondern auch (oder vor allem) wegen des guten Essens, der ausgezeichneten Lage – die schroffen Gipfel der Vajolettürme sind hier zum Greifen nah – und des freundlichen Service. Auf der Haniger Schwaige oder, wie man hier sagt, der Hanigerschwoaga, bedient auch die Hüttenwirtin höchstpersönlich ihre Gäste.

Die Wanderung beginnt am Nigerpass auf 1690 Metern. Am besten stellt man sein Auto in St. Zyprian in der Nähe des Busbahnhofs ab und fährt mit dem Linienbus. Vom Parkplatz am Nigerpass folgt man dem Forstweg 1. Kurz vor der Baumannschwaige überquert man den Schwaigerbach und steigt im Schatten des Fichtenwalds immer der Markierung 7 folgend bis auf 2000 Meter hinauf. Hier verläuft der Weg dann fast eben über ausgedehnte Bergwiesen unterhalb der Laurinswand und der berühmten Vajolettürme. Was für ein Anblick und was für ein Ausblick ins Tierser Tal! Den man unbedingt genießen sollte, bevor es durch kurze Waldabschnitte und Wiesenhänge hinunter in die Mulde der Haniger Schwaige geht. Dort erst mal einen hausgemachten Saft zur Erfrischung. Dazu einen Kaiserschmarrn, Röstkartoffeln mit Spiegelei oder ein typisches Speckbrettl … und dann einen selbst gebackenen Kuchen oder Apfelstrudel und eine gute Tasse Kaffee.

TIPP

Der Wuhnleger-Weiher (ab Kapelle St. Zyprian) bietet auch großartige Blicke auf den Rosengarten.

Die Wanderung dauert nicht ganz zwei Stunden. Anschließend kann man den gleichen Weg wieder zurückgehen oder aber man steigt über weitläufige Almwiesen und durch Wälder hinunter zum Busbahnhof nach St. Zyprian (wo man sein Auto geparkt hat) und beendet die schöne Rundwanderung, die auch beim Rückweg noch mal mit einem einmaligen Panoramablick auf den berühmten Rosengarten belohnt. Hinter dem Waldrücken des Nigerpasses erscheint das eindrucksvolle Bild der Latemargruppe.

● Haniger Schwaige, Familie Klaus Zöggeler, I-39050 Tiers am Rosengarten, Tel. + 39 348 246 33 94, www.hanigerschwaige.com

Der wohl beste Käse Südtirols

2 Die Hofkäserei Englhorn in Mals

Wer Käse liebt, der ist im Englhorn im Käsehimmel. In der Hofkäserei in Schleis im Vinschgau gibt es den besten Käse weit und breit. Vielleicht liegt es daran, mit welcher Leidenschaft Alexander Agethle seinen Hof führt, oder daran, dass die Tiere hier so naturnah wie möglich leben und einfach glücklich sein dürfen. Vielleicht ist es aber auch eine Kombination aus all diesen Dingen, die die Hofkäserei zum Käsehimmel macht. Freude kommt hier bei jedem Bissen auf. Egal, ob beim Kosten des zart schmelzenden Weichkäses Arunda, des unfassbar leckeren Schnittkäses Tella, des schmackhaften Hartkäses Rims oder des typischen feinwürzigen Almkäses. Besonders toll ist eine Hofführung mit Verkostung von Käse, frisch gebackenem Brot und hausgemachten Säften.

TIPP

Ganz in der Nähe liegt der Sockerhof. Bei Bäuerin Anna gibt's frisches Bio-Gemüse zu kaufen.

Alexander schwimmt gegen den Trend, der immer mehr Leistung der Kühe fordert, und führt den Hof ein bisschen anders als die meisten Bauern. Er stellte auf biologische Landwirtschaft um, tauschte seine Hochleistungszuchttiere gegen die alte Rinderrasse Original Braunvieh. Heute dürfen seine Kühe stolz ihre Hörner tragen (daher auch der Name Englhorn) und die Kälbchen dürfen nach der Geburt bei den Muttertieren saugen. Alexander geht achtsam mit dem Boden um, kauft kaum fremde Futtermittel zu und verringert bewusst die Milchmenge seiner Kühe. Pro Kuh produziert er 5000 Liter Milch im Jahr. Zum Vergleich: Hochleistungskühe geben im Jahr 10.000 Liter Milch und mehr.

Jeden Morgen im Frühjahr und Herbst treibt er nach dem Melken seine Kühe, die er alle beim Namen kennt, auf die Weide außerhalb des Dorfes. Im Sommer dürfen sie auf die Alm, in die Sommerfrische sozusagen. Dann hat Alexander Zeit für sich, seine Familie und für den Acker, wo Korn angebaut wird. Sein Konzept geht auf: Gemeinsam mit Senner Maximilian Eller hat Alexander für seinen Käse bereits mehrere Auszeichnungen erhalten. Die Englhorn-Kühe schenken charaktervolle Milch für einen Käse, der nach Heimat schmeckt und der das Glück der Kühe in sich trägt.

● Hofkäserei Englhorn/Englhof, Schleis 8, I-39024 Mals-Schleis, Tel. +39 0473 83 53 93, www.englhorn.com

Auszeit im Klostercafé

3

Café inVito im Kloster Marienberg in Mals

Dass dieses Gebäude einst ein Sägewerk war, sieht man heute noch, und genau das macht das Flair des Klostercafés aus. Im Sommer 2019 öffnete das inVito im Kloster Marienberg seine Tore. In der ehemaligen Klostersäge wurde Altes erhalten und Neues kam dazu: Modernes Design trifft seitdem auf betagte Maschinen. Sogar die ehemalige Säge ist im Gästeraum im ersten Stock erhalten geblieben. Die Tische und Bänke wurden einfach drum herum gebaut. Auf dem ehemaligen Holzeinzug wurde die Sonnenterrasse angelegt, direkt am Lärchenwald angrenzend.

Drinnen ist es modern und gemütlich. Der hölzerne Dachstuhl ist indirekt beleuchtet und durch die Panoramafenster blickt man über die Dächer des Klosters und in die Landschaft des Obervinschgaus. Es gibt kleine Imbisse wie eine Tagessuppe oder einen Bauerntoast, Kaffee und Kuchen in angenehmer und ruhiger Atmosphäre. Das inVito befindet sich direkt gegenüber der Abteikirche, außerhalb der Mauern des Klosters Marienberg – übrigens die höchstgelegene Benediktinerabtei Europas, eine Stiftung der Edlen von Tarasp aus dem 12. Jahrhundert.

TIPP

Den hausgemachten Südtiroler Apfelstrudel probieren. Schmeckt himmlisch gut.

Die Klostergemeinschaft wünscht sich, dass das Bistro eine Stätte der Begegnung und Gastfreundschaft wird. Das Kloster selbst ist ein Ort der Stille, in dem Menschen eine Auszeit vom Alltag nehmen können. Hier gibt es eine Ferienwohnung und ein Gästehaus in einem restaurierten Baudenkmal, ein Museum mit spannenden Führungen und immer wieder Sonderausstellungen mit einem Einblick ins echte Klosterleben – sowohl früher als auch heute. Auch die Krypta kann im Rahmen einer Führung besichtigt werden.

Besonders sehenswert ist die Bibliothek, die heute in einem modernen unterirdischen Bau untergebracht ist und über mehr als 100.000 Druckwerke verfügt, darunter historische Raritäten und seltene Sammlungen. Der Bibliotheksbestand kann zwar digital abgerufen werden, aber viel spannender ist doch der Gang durch die Bibliothek – eine kleine Zeitreise, zu der man sich unbedingt rechtzeitig anmelden sollte.

● Café inVito, Kloster Marienberg, Schlinig 1, I-39024 Mals, Tel. +39 0473 84 39 80
www.marienberg.it

Weite Blicke, tiefe Einsichten

4 Durch die Plimaschlucht im Martelltal

Dort, wo das Martelltal endet und die Wildnis beginnt, verläuft eine eindrucksvolle, jahrtausendealte Schlucht durchs Gestein: die Plimaschlucht. Sie zieht sich durchs hochalpine Gelände am Fuße des Cevedales und zeigt ihren Besuchern einmal mehr, wie viel Stärke in der Natur steckt.

Der Rundwanderweg durch die Plimaschlucht startet am Talschluss des Martelltals. Hier gibt es einen großen gebührenpflichtigen Parkplatz beim Gasthof Schönblick. Man kann aber auch an einem der ersteren Parkplätze parken und mit dem Linienbus zum Talschluss fahren. Der Weg bietet bald schon den ersten von vier Aussichtspunkten: die sogenannte Kelle. Sie ist aus Cortenstahl angefertigt und wurde wie alle Stationen angelegt, um die Schlucht für die Besucher erlebbar zu machen. Zu diesem ersten Highlight, das über der Klamm zu schweben scheint, führt eine kleine Steintreppe. Hier erlebt man hautnah das tosende Wasser des Plimabaches. Nach einer Viertelstunde kommt der zweite Aussichtspunkt: die Sichel entlang der Kante der Schlucht. Der Blick schweift hier über das herrliche Panorama talauswärts bis zum ehemaligen Hotel Paradiso di Cevedale. Das rostrote Refugium, einst eine beliebte Sommerresidenz, ist mittlerweile geschlossen.

TIPP

Die tiefste Schlucht Südtirols, Grand Canyon Südtirols genannt, ist die Bletterbachschlucht bei Aldein.

Es geht weiter zum dritten Aussichtspunkt: die Kanzel, die einen tiefen Blick von oben in die Plimaschlucht ermöglicht. Weiter geht es zur Hängebrücke, dem vierten Punkt, wo man die Schlucht überquert. Jetzt ist es nicht mehr weit bis zum höchsten Punkt und zum Ende der Schlucht: zur Zufallhütte auf 2256 Metern. Von hier aus kann man weiter aufsteigen, zum Gletscherlehrpfad beispielsweise, oder man geht auf der anderen Seite der Schlucht wieder zurück zum Ausgangspunkt und genießt noch ein bisschen das Martelltal. Dieses ist übrigens berühmt für seine Erdbeeren und andere süße Beeren – nicht umsonst wird es auch das Beerental genannt. Eine Wanderung auf dem Plimaschluchtenweg kann man also gut mit einem Einkauf der leckeren Frucht verbinden. Die beste Zeit dafür ist Anfang Juni.

● Plimaschlucht, Parkplatz am Talschluss im Martelltal, I-39020 Martell
Tourismusverein Latsch-Martell, Hauptstraße 38/A, I-39021 Latsch,
Tel. +39 0473 62 31 09, www.vinschgau.net, www.zufallhuette.com

Für Malt-Liebhaber

5 Die Whisky-Destillerie Puni in Glurns

Whisky und Südtirol – das passt nicht. Oder etwa doch? Obwohl Südtirol eher bekannt für seinen exzellenten Wein und vielleicht noch für sein Bier ist, gibt es auch Südtiroler Whisky. Außerhalb der Stadtmauern von Glurns, der kleinsten Stadt Südtirols (die übrigens noch vollständig erhaltene Ringmauern und drei Tortürme hat), befindet sich die erste Whisky-Destillerie Italiens: Puni. Schon alleine das Gebäude ist Grund, warum man die Destillerie unbedingt mal gesehen haben muss: Der Kubus ist ein architektonisches Meisterwerk, mit 5500 roten Betonsteinen verkleidet. Das Herzstück der Produktionsanlage sind die beiden originalen Kupferbrennblasen aus Schottland.

Seit 2010 produziert Familie Ebensperger Südtiroler Whisky nach schottischer Tradition, aber mit innovativen Ansätzen. Und zudem noch einen Likör – die Vinschger Coffee Cream. Ihre Destillerie hat sie Puni genannt, nach dem Fluss Puni, der auf 3391 Metern entspringt. Sie legt großen Wert auf einheimisches Getreide und arbeitet nach dem traditionellen Pot-Still-Verfahren. Nach dem Brennvorgang kommt der Whisky in die Fässer, wo er drei Jahre lang reifen darf. Danach wird er abgefüllt und wartet im Regal des Visitor Centres in Glurns auf seine neuen Besitzer. Wer hier zu Besuch ist, kann einen direkten Blick auf die eine Etage darunterliegenden Brennblasen werfen. Whiskyliebhaber sollten im Puni aber unbedingt auch eine Führung einplanen, dann gibt's nämlich einmalige Einblicke in die Brennerei.

TIPP

Einen Abstecher ins charmante Städtchen Glurns einplanen – mittelalterliches Flair in jeder Gasse.

Während des Rundgangs erfährt man alles über die noch junge Geschichte der Brennerei und das Streben der Familie, den ersten Single Malt Italiens herzustellen. Neben den klassischen Führungen mit Verkostung gibt es auch private Führungen für Familien oder kleine Gruppen. Anschließend darf natürlich verkostet werden und man kann sich im Shop mit seinem Lieblings-Malt eindecken. Für Schleckermäulchen gibt's auch Fruchtaufstriche, Schokolade und weiche Karamellbonbons, natürlich verfeinert mit aromatischem Puni Whisky.

● Whisky-Destillerie Puni, Am Mühlbach 2, I-39020 Glurns, Tel. +39 0473 83 55 00
www.puni.com

Im grünen Meer der Bäume

6 Der Lärchenwald in St. Valentin auf der Haide

Durch den Wald zu spazieren ist Balsam für Körper und Seele. Manch einer schwört darauf, dass sich ein Waldspaziergang positiv auf das Immunsystem, das Herz und die Psyche auswirkt. Bei jedem Schritt in die Natur verlangsamt sich der Herzschlag und bei jedem Einatmen der Waldluft kommt man mehr zur Ruhe. Heutzutage entfernen sich die Menschen immer weiter von der Natur – über 50 Prozent der Weltbevölkerung leben in Städten. Da kann ein einfacher Waldbesuch schon mal für glückliche Momente sorgen.
Ein besonders schöner Lärchenwald ist der Talaiwald oberhalb von St. Valentin. Das Dorf befindet sich auf 1470 Metern und ist das südlichste Dorf der Gemeinde Graun im Vinschgauer Oberland. Es liegt unweit vom Reschensee mit dem berühmten und unbedingt sehenswerten Kirchturm im Wasser.
Die Bewohner St. Valentins, die „Hoader", gehen gerne in ihren Lärchenwald oberhalb des Dorfes. Zum Pilzesammeln, Bogenschießen (im Wald gibt es Vinschgaus einzigen ganzjährig geöffneten Bogenparcours) oder einfach zum Runterkommen nach der Arbeit. Mehrmals pro Jahr treffen sie sich im Talai, um heruntergefallene Äste zu sammeln und Reisig zu kehren. Im Sommer weiden auf den Waldwiesen die Kühe der Hoader Bauern. Dann ist der Ort besonders schön, denn die Nachmittagssonne hüllt die Bäume in ein zauberhaftes Licht. Wenn Licht und Schatten zwischen den Lärchensprossen tanzen und die Strahlen die Haut erwärmen, scheint die Zeit fast stillzustehen. Dann hört man nichts außer Vogelzwitschern und den Wind. Und mit etwas Glück kann man sogar Wildtiere entdecken wie Fuchs, Hase und Reh. Durch den Talaiwald verlaufen mehrere grasbewachsene Wege. So weich, dass man sogar barfuß laufen kann. Immer wieder findet man kleine Bänke und es gibt sogar eine Liegeschaukel. Vom Talaiwald kann man bis zum Dörfl-Munteplair laufen, dem Viertel von St. Valentin, das bereits zu Römerzeiten besiedelt war und heute mit charmanten Gassen verzaubert. Oder weiter zum schönen Haidersee.

TIPP
Einen Kaffee trinken oder ein Eis essen in der Villa Waldkönigin, direkt am Lärchenwald.

● Lärchenwald in St. Valentin auf der Haide, I-39027 St. Valentin auf der Haide
Tourismusverein Reschenpass, Hauptstraße 22, I-39027 Reschen, Tel. +39 0473 63 31 01

Italienisches Schmugglergut

7 Kuntrawant Caffeebar in Prad am Stilfserjoch

In Südtirol bestellt man nicht einfach eine Tasse Kaffee. Man trinkt Espresso, Macchiato, Cappuccino, Latte macchiato und in besonders guten Cafés auch frisch aufgebrühten Filterkaffee. Wie in der Kaffeemanufaktur Kuntrawant.

Gemütlich ist es in der kleinen Caffeebar am Dorfplatz von Prad im Stilfserjoch Nationalpark. Große Fensterfronten, gepolsterte Sitzbänke, kleine aneinandergereihte Tische. Und es duftet – wie zu erwarten – herrlich nach Kaffee. Es gibt so viel Auswahl an Bio-Kaffeespezialitäten, dass es schwerfällt, sich zu entscheiden. Hier wählt man nämlich nicht nur zwischen Espresso oder Filterkaffee, sondern auch zwischen Bohnen aus acht Herkunftsländern. Von Guatemala bis Brasilien, von Kenia bis Indien. Von lieblich bis würzig, von nussig bis fruchtig und sogar schokoladig.

TIPP

An einem der zahlreichen Kurse oder Kaffee-Tastings im Kuntrawant teilnehmen.

Die Bohnen werden alle frisch von Hand im traditionellen Trommelröstverfahren geröstet. Im Café werden sie dann mit verschiedenen Methoden zubereitet. Klassisch mit der Kaffeemaschine oder aber mit der Hand und Papierfiltern in speziellen Keramik- oder Glasbehältern. Dabei wird das frisch gemahlene Kaffeepulver mit heißem Wasser bedeckt. Durch kleine Bläschen entweichen Gase aus dem Kaffee und er beginnt langsam zu quellen. Anschließend wird der Handfilter weiter in langsam kreisenden Bewegungen mit Wasser aufgegossen. Blooming nennt sich dieses Verfahren. Dadurch entfaltet der Kaffee seine Aromen besonders klar und kräftig.

Die Brüder Martin und Josef Gander eröffneten 2013 ihre eigene Caffeebar in Prad. Auf den Namen Kuntrawant kamen sie durch den italienischen Begriff „contrabbando", wie die Vinschger das Schmuggeln einst nannten. Noch Mitte des 20. Jahrhunderts wurde in den Bergen nämlich eifrig geschmuggelt. In Nacht-und-Nebel-Aktionen schleppten junge Burschen Zigaretten, Saccharin und eben Bohnenkaffee aus der Schweiz über die Grenze. Heute gibt's den Schmugglerkaffee zum Glück legal. Trotzdem schmeckt er verboten gut.

● Kuntrawant Caffeebar, Mühlbachgasse 25, 39026 I-Prad am Stilfserjoch,
Tel. +39 334 594 88 59 , www.kuntrawant.com

Ein Hof mit Geschichte

8 Essen im Finailhof im Schnalstal

Eine Einkehr in einen Buschenschank gehört zu Südtirol wie der blaue Schurz der Bauern oder der berühmte Südtiroler Speck. Südtirol ist geprägt von alten Bergbauernhöfen. Auf vielen leben mehrere Generationen unter einem Dach und packen mit an. Sie versorgen täglich ihre vielen Tiere, halten alles in Schuss und bringen jeden Sommer die Heuernte ein. Und sie machen Besucher glücklich, indem sie ihnen im sogenannten Buschenschank hausgemachte Traditionsgerichte auftischen. Familie Gurschler bekocht die Besucher des Finailhofs im Schnalstal täglich mit Spezialitäten der Tiroler Bauernküche wie Knödel, Schöpsernes und die süße Schneemilch. Serviert mit typischer Südtiroler Herzlichkeit und einem guten Glas Wein oder hausgemachtem Saft. Größere Gruppen müssen vorher reservieren. Alles, was auf der Karte steht, stammt direkt vom Hof: die Eier und die Milch, das Fleisch, die Kartoffeln, der Salat und das Kraut. Das schmeckt man mit jedem Bissen.

TIPP

Seit 2021 kann man am Finailhof sogar übernachten – im Haus aus dem 13. Jahrhundert.

Über 100 Schnalser Schafe, 150 Bergziegen, 40 Rinder und einige Hängebauchschweine leben auf dem Hof. Das, was Familie Gurschler zukauft, ist nur das Mehl. Und selbst das wurde früher selbst erzeugt. Einst war der Finailhof nämlich der höchste Kornhof Europas. Bis in die Mitte des 20. Jahrhunderts baute man noch eigenes Getreide an. Heute speist man in denkmalgeschützten getäfelten und bemalten Stuben, in denen die Dielen ehrfürchtig knarzen und die Wände Geschichten wispern. An sonnigen Tagen macht man es sich nach dem Wandern auf der Terrasse gemütlich und freut sich über den Ausblick auf den türkis schimmernden Stausee von Vernagt und den hohen, wilden Nock.

Der Finailhof besteht aus mehreren Gebäuden und wurde bereits im 11. Jahrhundert erstmals erwähnt. Eine Sage erzählt vom Jahr 1416, als die Bauern vom Hof Herzog Friedrich IV. („Friedl mit der leeren Tasche“) Schutz gewährt haben sollen. Als Dank soll er den Bauern einen Becher geschenkt haben, der seither hier aufbewahrt wird. Der Finailhof ist über den Wanderweg Nr. 7 ab dem Parkplatz vor Kurzras erreichbar.

● Finailhof, Vernagt am See Nr. 9, Schnalstal, I-39020 Schnals, Tel. +39 0473 66 96 44
www.finailhof.com

Gelobt sey Jesus Christus.
18 C M B 67
IHS
MARIA

Die Erlebnis-Shoppingstraße

9

Auf der Göflanerstraße in Schlanders

Zugegeben, die Straße an sich ist nichts Besonderes. Es sind die Geschäfte und ihre Menschen, weswegen die Göflanerstraße ein Ziel für alle Glücksritter ist. Im kurzen Straßenabschnitt zwischen der Staatsstraße und dem Dorfzentrum, der Fußgängerzone von Schlanders, reihen sich Geschäfte, Eisdielen und Bars aneinander. Hier trifft man sich zum Einkaufen, zum Genießen und auch ein bisschen zum Träumen. Zum Beispiel im 21st Temporary Store in der Göflanerstraße 21.
Seit 2016 betreibt Andrea Berger hier ihr kleines Antiquitätengeschäft. Die Vinschgerin hat jahrelang die Welt bereist und auf Ausstellungen und Auktionen antike Gegenstände erstanden. Dann kehrte sie wieder in die Heimat zurück. Wer Andreas Laden betritt, macht eine kleine Zeitreise zwischen alten Tassen und nostalgischen Zuckerdosen, zwischen Apothekerfläschchen und wertvollem Porzellan – Sammler und Liebhaber sind hier im Schlaraffenland. Zudem findet man Bilder und Postkarten, Rares und Kostbares … Allerlei große Vintage-Schätze für kleine Träumer.
Direkt gegenüber, auf der anderen Straßenseite, befinden sich ebenfalls seit 2016 die Concept Stores Jack & King und gleich nebenan der passende Ladys-Shop Jack & Queen. Im Ersteren finden Besucher neben hochwertiger Kleidung in einer Ecke einen Friseur und Barber. Auch eine Coffee-Craft-Beer-Bar ist im Shop von Betreiber Jacky integriert. So kann man sich einkleiden, stylen lassen und dabei einen Kaffee trinken oder ein Bierchen zischen. Oder wie wäre es mit einer Runde Poolbillard?
Da alle guten Dinge ja bekanntlich drei sind und Eiscreme einfach immer geht, gilt: Wer in der Göflanerstraße ist, muss sich unbedingt ein Eis bei der Eismanufaktur „La Venostana" holen. Hier (und seit 2021 übrigens auch im ALGO in Algund) wird unglaublich cremiges Eis in traditioneller italienischer Handwerkskunst produziert. Es gibt viele vegane Sorten und außergewöhnliche Geschmacksrichtungen, wie die Vinschger Schneamilch – mit Zutaten der traditionellen Süßspeise aus dem Vinschgau. Unbedingt probieren!

TIPP

Gönnt euch einen Kulturspaziergang von der Kapuzinerkapelle zu Kirche, Marmorbrunnen und Schlandersburg.

- 21st Temporary Store, Göflanerstraße 21, I-39028 Schlanders, Tel. +39 349 757 64 32
- Jack & King und Jack & Queen, Göflanerstraße 6A, I-39028 Schlanders, Tel. +39 0473 62 12 82, www.jackandking.it
- La Venostana, Göflanerstraße 18, I-39028 Schlanders, Tel. +39 348 765 67 94 www.venostana.com

www.venostana.com
la Venostana
Gelateria • Eismanufaktur

In die Sterne gucken

10 Sternwarte Maseben im Langtauferer Tal

Seit jeher blicken Menschen in die Sterne. Die leuchtenden Himmelskörper und weit entfernten Galaxien üben eine magische Anziehung aus. Ist es nicht faszinierend, dass am gesamten Himmel um die 6000 Sterne zu sehen sind? Rund die Hälfte davon ist mit bloßem Auge erkennbar, die andere Hälfte offenbart sich erst beim Blick durchs Teleskop.

In der Nähe der Berghütte Maseben im idyllischen Langtauferertal im Vinschgau befindet sich eine von zwei Sternwarten Südtirols. Die zweite Sternwarte liegt im Eggental. Gerade auf Maseben lohnt sich aber ein Blick in den Nachthimmel, denn hier oben auf 2267 Metern sind die Bedingungen ideal. Es gibt nahezu keine Licht- und Umweltverschmutzung und die Sterne sind in der hochalpinen Luft so klar zu sehen wie an kaum einem anderen Ort. Die Sternwarte ist zu Fuß vom Parkplatz in Kappl erreichbar. Das heißt 400 Höhenmeter und eineinhalb Stunden Aufstieg. Alle, die es bequemer mögen, können in begrenzter Personenzahl zu festen Zeiten oder auf Anfrage mit dem Shuttle der Berghütte hochfahren – mit einer alten schwedischen Militärpistenraupe. Der Mas-eben-Express fährt ab dem Parkplatz in Kappl bis zur Mas-eben-Hütte.

TIPP

Im Sommer finden vom Tourismusverein geführte Wanderungen nach Maseben statt, mit Infos zum Tal.

Beim Tourismusverein kann man sich für die regelmäßig organisierten Sternenevents anmelden. Die Sterngucker bekommen dabei von Hüttenwirt Alessandro eine typische Südtiroler Marende, eine nachmittägliche Brotzeit, aufgetischt. Anschließend erklärt ein Sternenguide den Nachthimmel. Mit zwei Teleskopen dringen die Teilnehmer in die Tiefen des Universums ein und bekommen Bilder zu sehen, die fürs Auge so nicht sichtbar wären.

Wer dem Alltag für ein Weilchen entfliehen möchte, kann sich ein Zimmer in der Hütte buchen. Die Maseben-Hütte dient als Ausgangspunkt für Wanderungen und hat einen Whirlpool unter freiem Himmel. Was für ein Erlebnis, von hier aus in die Sterne zu blicken! Mit ein bisschen Glück fliegt eine Sternschnuppe über den Nachthimmel und man kann sich etwas wünschen.

● Berghütte Maseben, Secci Alessandro, I-39027 Graun-Langtaufers, Tel. +39 0473 63 31 06
Tourismusverein Reschenpass, Hauptstraße 22, I-39027 Reschen, Tel. +39 0473 63 31 01, www.maseben.it

Kaiserliche Kräuterküche

11 Restaurant Onkel Taa – Bad Egart in Partschins

Hier wird alles „selbergmocht". Mit Zutaten aus dem eigenen Garten oder aus der riesigen Vorratskammer. In jedem Gericht stecken viel Liebe und Arbeit. In den hausgemachten Teigwaren und den gefüllten Zucchiniblüten, im Egarter Flusskrebssalat und im Veilcheneis … Wer im Onkel Taa isst, bekommt Glücksgefühle auf dem Teller serviert und macht gleichzeitig eine Reise in vergangene Zeiten.

Das Haus und die Heilkraft des Quellwassers von Bad Egart wurden bereits 1430 zum ersten Mal urkundlich erwähnt. Damit ist das Heilbad mit seinen insgesamt drei Quellen das älteste Bad von Tirol. Während ihres Kuraufenthaltes in Meran badete sogar Kaiserin Elisabeth hier. Kein Wunder also, dass Bad Egart heute nicht nur eine historische Gaststätte ist, sondern auch ein K.u.K.-Museum mit 35.000 Exponaten und einer Sonderausstellung zu Sisi und Franz.

TIPP

Unbedingt ganz viel Zeit mitbringen und einen Besuch im Museum nebenan einplanen.

Karl Platino – Onkel Taa genannt – ist seit seiner Kindheit fasziniert von der Kaiserzeit und verwandelte diesen besonderen Ort mit den Jahren zu dem, was er heute ist. Das Restaurant ist ein richtiges Drei-Mäderl-Haus. Es wird von Großmutter Marianndl Platino, Mutter Janett und Enkelin Juliane geführt – alle drei unglaublich herzliche Gastgeberinnen. Janett, Karls Tochter, ist eine der besten Köchinnen Italiens. Sie wandelt im Onkel Taa Südtiroler Traditionsgerichte ab, verfeinert sie und greift dabei gerne zu überraschenden Zutaten wie Wildkräutern und essbaren Blumen.

Ihre Spezialitäten: Sisis und Franz Josephs Lieblingsgerichte – und Weinbergschnecken. Die werden hier sogar selbst gezüchtet. Wer jetzt so richtig Lust auf die kaiserliche Küche hat, sollte vor dem Besuch eines wissen: In diesem Restaurant ist nichts alltäglich und es ist vor allem nichts für die, die schnell und günstig essen wollen. Dafür gibt's hier Qualität, die man in jedem Bissen schmecken kann und die man sich einfach mal gönnen sollte. Zumal wirklich alles im Haus ein Erlebnis ist. Vom Garten bis zur Küche, vom Museum bis zu den Gastgebern.

● Restaurant Onkel Taa – Bad Egart, Bahnhofstraße 17, I-39020 Partschins-Töll, Tel. +39 0473 96 73 42, www.onkeltaa.com

Nur Fliegen ist schöner

12

Fahrt im nostalgischen Korblift in Vellau

Höhenangst sollte man keine haben, wenn man in den grünen Eisenkorb steigt. Denn es geht gleich hoch hinaus. Dafür gibt's in den luftigen Höhen des Naturparks Texelgruppe einen herrlichen 360-Grad-Blick ins Meraner Land und ins Etschtal. Ja, es ist schon ein unbeschreibliches Gefühl, welches Wanderer während der Fahrt mit dem Korblift verspüren. Der Korblift ist eine der außergewöhnlichsten Aufstiegsanlagen in Südtirol und bereits seit 1965 in Betrieb. Seitdem fährt er täglich von Anfang April bis Anfang November. Außer von zwölf bis 13 Uhr, wenn die Betreiber des Liftes Mittagspause machen. Während der Fahrt nach oben steht man zu zweit hintereinander. Der nostalgische Korblift besteht komplett aus Stahlgittern – auch der Boden. Und so kann es durchaus etwas schwindelig zugehen, aber der Ausblick und die klare Bergluft, die einem entgegenströmt, sind schon etwas ganz Besonderes. So etwas erlebt man nicht alle Tage!

Von der Bergstation erreicht man in einem 15-minütigen Fußmarsch die Leiter Alm auf 1550 Metern. Hier servieren die Hüttenwirte leckere Almgerichte und von Juni bis August kann man hier sogar übernachten. An der Alm führt der Meraner Höhenweg vorbei, auf dem eine traumhafte Rundwanderung von Hütte zu Hütte durch den Naturpark Texelgruppe möglich ist.

TIPP

Für alle Mountainbiker: Auch Räder können mit dem Korblift nach oben transportiert werden.

Bergfreunde können von der Leiter Alm weiter auf die drei Stunden entfernte und 2294 Meter hohe Mutspitze laufen. Oder zur eineinhalb Stunden entfernten Schutzhütte Hochganghaus auf 1839 Metern. Hier veranstalten die Hüttenwirte jeden Sonntag Showcooking über offenem Feuer. Wer möchte, kann auch hier übernachten und am nächsten Tag die Gipfel unsicher machen. Oder zu den Spronser Seen wandern. Hach, die Möglichkeiten sind hier oben grenzenlos – und auch die Freiheit. Wahres Glück findet man eben inmitten der Berge.

Um den Korblift zu erreichen, gibt's mehrere Möglichkeiten: entweder mit dem Linienbus oder Auto die Serpentinen hochfahren oder mit dem zweiten nostalgischen Lift fahren, dem Einzelsessellift von Vellau.

● Historischer Korblift, Familie Schweigl, Vellau 13, I-39022 Algund, Tel. +39 0473 44 85 32
Tourismusverein Algund, Hans-Gamper-Platz 3, I-39022 Algund, Tel. +39 0473 44 86 00

8

Durch den Schnee stapfen

13 Schneeschuhwandern am verschneiten Vigiljoch

Mit jedem Knirschen unter den Schneeschuhen rückt der Alltag weiter in die Ferne. Und mit jedem Schritt in die unberührte schlafende Natur schlägt das Herz ein bisschen mehr im Einklang mit der Natur. Bei kaum einer anderen Sportart lässt sich die Natur so intensiv erleben und so einfach zu neuer Vitalität finden. Kein Wunder, dass Schneeschuhwandern in den vergangenen Jahren immer beliebter wurde. Das Vigiljoch ist ideal für den sanften Wintersport. Der 1486 Meter hohe Hausberg von Lana ist bereits seit Jahrzehnten für Motorfahrzeuge gesperrt. Es gibt nur den stillen, tief verschneiten Winterwald und die lieblichen, ebenso verschneiten Wiesen. Eine funkelnde Ruhe der Natur fernab von Hektik und Autolärm.

Das Hochplateau ist zum großen Teil geschütztes Quellgebiet. Seit den 1960er-Jahren wird das Wasser der 14 Vigiljocher Quellen als „Meraner Mineralwasser" abgefüllt. Bereits die Fahrt nach oben ist der reinste Stresskiller. Sobald sich die Kabinentür der zweitältesten Schwebebahn Europas (1912 erbaut) schließt, bleiben Alltag und alle Sorgen draußen. Acht Minuten schwebt sie nach oben, wo direkt die gemütlichen Winterwanderungen starten. An manchen Wintertagen scheint es fast, als hätte jemand die Zeit für einen Augenblick angehalten.

TIPP

Eine begrenzte Anzahl an Schneeschuhen gibt's an der Talstation der Seilbahn auszuleihen.

Früher war der Hausberg von Lana ein beliebtes Ausflugsziel für Meraner Kurgäste – im Winter gab es hier sogar internationale Skirennen. Heute ist das Hochplateau vor allem für die unberührte Natur bekannt. Genau hier durch den Schnee zu wandern, in kristallklarer Bergluft und umgeben von wildromantischer Winterlandschaft, ist wirklich einzigartig. Aber auch Rodeln und Skifahren gehen auf dem Vigiljoch. Es gibt ein kleines, aber feines Familienskigebiet mit einem historischen Sessellift und romantischen Abfahrten. Alle, die eine Wintersportart abseits vom Pistentrubel suchen, sind beim Schneeschuhwandern am Vigiljoch goldrichtig. Denn in der Ruhe liegt bekanntlich ja die Kraft.

● Talstation Seilbahn Vigiljoch, Villenerweg 3, I-39011 Lana, Tel. +39 0473 56 13 33
www.vigiljoch.com

Ein gut behütetes Häuschen

14

Häuserl am Stoan bei St. Pankraz im Ultental

Ganz seelenruhig steht es da. Es scheint fast, als wäre das kleine Häuschen bewusst auf diesen Felsen gebaut worden. Doch eigentlich ist es einfach nur Glück, dass es überhaupt noch dasteht. Vor langer Zeit stand das Haus noch neben einigen anderen Bauernhäusern auf einer schönen Wiese hier auf rund 730 Metern am Badlweg im Ultental, am Ufer der Falschauer. Bis zu dieser einen Herbstnacht 1882, als ein starkes Unwetter durchs Tal fegte. Die eigentlich sanfte Falschauer verwandelte sich in einen tosenden Gebirgsfluss, der gnadenlos alles mit sich fortriss. Wiesen, Felder, Häuser … Nur ein Haus blieb wie durch ein Wunder stehen: das Häuserl am Stoan. Genau dieses eine kleine Haus war zufällig auf einem riesigen Stein erbaut worden. Noch nicht einmal die Bewohner wussten darüber Bescheid. Erst am Morgen nach der Flutnacht kam der Felsblock zum Vorschein, der sie und ihr Haus gerettet hat.

Heute ist das Häuserl oder Häusl am Stoan wohl eine der kuriosesten Sehenswürdigkeiten des Ultentals. Es liegt ein wenig versteckt, zwischen Bäumen und an einer schönen Wiese nahe der Sportzone in St. Pankraz, dem ersten Dorf im Ultental. Da es sich in Privatbesitz befindet, ist es eingezäunt und kann leider nicht betreten werden, aber ein Ausflug lohnt sich allemal. Schon alleine, um das romantische Häuschen, das allen Unwettern trotzt, mal von außen live zu sehen. Die sonnengegerbte Holzfassade und das für das Ultental so typische Dach aus Lärchenschindeln … Kein Wunder, dass das Haus ein so beliebtes Fotomotiv ist.

Die Falschauer fließt heute immer noch genau an derselben Stelle vorbei wie damals, vor über 200 Jahren. Heute ist sie aber gut verbaut und kann auch bei einem Unwetter nicht mehr gefährlich werden. Wer einmal das besondere Haus besucht, wird gleich von den vier Wänden in den Bann gezogen. Dieses eine kleine Haus ist das Zeugnis schlechthin für die Kräfte der Natur und für einen glücklichen Zufall während eines Unglücks.

TIPP

Auf dem Ultner Badlweg weiterwandern und unterwegs an der Falschauer gemütlich picknicken.

● Häuserl am Stoan, Ultental/Am Badlweg unweit der Sportzone, I-39010 St. Pankraz
Tourismusgenossenschaft Ultental/Proveis, St. Walburg 104, I-39016 Ulten, Tel. +39 0473 79 53 87, www.ultental.it

Burger unter Palmen

15 Burger-Restaurant Happm Pappm in Marling

Die Palmen spenden Schatten und auf dem Grill brutzelt das Fleisch. Die Vorfreude auf den Burger steigt. Eigentlich wollte Karl Heinz Alber, der Gründer des Burger-Restaurants Happm Pappm eine ganz gewöhnliche Würstelbude aufmachen. Doch dann stieß er im Internet auf zwei amerikanische Großraumwohnwagen.

Heute ist das Happm Pappm in Marling (das südtirolerische „einen Happm pappm" heißt übrigens einen Happen essen) alles andere als gewöhnlich. Hier genießen Burger-Liebhaber hausgemachte Burger, Baguettes, Piadine und vegetarische Gerichte unter Palmen – oder eben im silberglänzenden US-Wohnwagen. Große Fässer bilden die Tische unter freiem Himmel und überall findet man amerikanisches Flair. Trotzdem kommt der Südtiroler Touch nicht zu kurz, vor allem in der Küche. Mit homemade Burger-Pattys, Südtiroler Speck und den duftenden Brötchen vom Dorfbäcker. Mit frischem Gemüse und eigenen Gewürzkreationen. 08/15-Burger gibt's hier keine. Dafür viele Eigeninterpretationen und Special-Burger je nach Jahreszeit, wie den Spargel-Burger, Big-Apple-Burger, Pfifferling-Burger, Blue-Cheese-Burger …

TIPP

Auch in der Filiale in Lana gibt es leckere Burger und zudem einen Indoor-Spielplatz mit Bällebad.

Das Happm Pappm in Marling gibt es seit 2010. Drei Jahre später eröffnete eine Filiale in Lana. Natürlich auch ganz im American Style. Das Credo der Crew: gutes Essen, hohe Qualität und schnelle Bedienung. Das Konzept von Happm Pappm funktioniert so: Wer seine Bestellung abgegeben hat, erhält ein Gerät mit Vibrationsalarm und kann sich ganz bequem seinen Platz suchen, während er auf seine Bestellung wartet. Vibriert und blinkt das Teil, sind die Burger abholbereit.

In der kalten Jahreszeit steht ein Wintergarten zur Verfügung. Im Sommer können die Foodies am Wochenende nach dem Essen im Happm Pappm Beach ihre Füße in den Sand stecken und den Abend lässig bei Cocktails und Longdrinks ausklingen lassen. Dann ist nämlich auch die Beachbar geöffnet: der Afterwork-Treffpunkt für Einheimische und Gäste.

- Happm Pappm Marling, Gampenstraße (am Kreisverkehr), I-39020 Marling, Tel. +39 333 371 11 12
- Happm Pappm Lana, Schnatterpeckstraße 22, I-39011 Lana, Tel. +39 344 261 62 09

www.happmpappm.com

Coca-Cola

Dem Himmel so nah

16

Skifahren auf der Schwemmalm im Ultental

Es ist frühmorgens und die Sonne blitzt zwischen den verschneiten Berggipfeln hervor. Genau dann ganz oben auf der Schwemmalm zu stehen und zu wissen, dass es gleich auf den Skiern den Berg hinuntergeht, ist ein unbeschreibliches Gefühl. Hier, auf 2100 Metern, am höchsten Punkt des Skigebiets Schwemmalm, scheint der Himmel an manchen Tagen so nah, dass man das Gefühl hat, man kann die Wolken berühren.

Das Skigebiet Schwemmalm liegt an einem sonnigen Hang hoch über der Ortschaft Kuppelwies im Ultental. Mit der Schwemmalmbahn oder mit dem Sessellift Breiteben gelangen die Skifahrer ins Herz des Skigebiets. In dem ursprünglichen Tal, in dem die Uhren noch ein bisschen langsamer ticken und die Natur noch wild sein darf, liegt im Winter meist viel Schnee.

Überlaufene Pisten gibt es hier so gut wie nie. Vor allem im Januar ist hier tote Hose, was alle freuen dürfte, die ihre Abfahrten am liebsten für sich genießen. Aber: psst! Das kleine Skigebiet für Anfänger und anspruchsvolle Skifahrer gilt vielerorts noch als Geheimtipp. Auch bei Familien ist Skifahren auf der Schwemmalm beliebt. Während die Kids in der Skischule sind und die ersten Versuche auf Skiern wagen, können die Eltern nämlich ganz in Ruhe ihren Kaffee auf der Sonnenterrasse schlürfen und dabei ihren Kids zusehen.

Nach den Schwüngen im Schnee heißt es rein in die gute Stube. In den Berggasthöfen und Skihütten tischen die Wirte traditionelle Gerichte auf und gerne das ein oder andere Schnapsl. Après-Ski können die Ultner auch. Und vielleicht trifft man auf der Schwemmalm sogar einen Ski-Star. Das Skigebiet ist nämlich auch beliebt bei den Topathleten des alpinen Skiweltcups – und Heimat von Rennfahrer Dominik Paris. Übrigens: Auch Skitouren und Schneeschuhwanderungen, ja sogar Paragliding sind im Winter auf der Schwemmalm möglich und im Sommer verwandelt sich die Schwemmalm in ein uriges Wandergebiet.

TIPP

Ein Open Air auf der Schwemmalm besuchen. Livemusik bei diesem Bergpanorama ist unbeschreiblich.

- Ski- und Wandergebiet Schwemmalm, Kuppelwies 409, I-39016 Ulten, Tel. +39 0473 79 53 90
Tourismusgenossenschaft Ultental/Proveis, St. Walburg 104, I-39016 Ulten, Tel. +39 0473 79 53 87, www.schwemmalm.com

Auf der Alm juchhe

17 Schlafen und schlemmen im Eishof im Pfossental

Auf der Alm, da gibt's koa Sünd, dafür aber ganz viel Leckeres und Schönes. Nirgends schläft es sich besser und nie schmeckt ein liebevoll zubereitetes Essen so gut wie nach einer langen Wanderung.

Der Eishof ist ein geschichtsträchtiges Gebäude. Seit dem Mittelalter – der Hof wurde 1290 erstmals erwähnt – trotzt es im hintersten Pfossental inmitten hoher Bergspitzen Wind und Wetter. Seit dem 19. Jahrhundert ist es Stützpunkt für Bergsteiger und bewirtschaftete Alm. Seit 2019 bringen der junge Hüttenwirt Uli und sein flottes Team Pep in die traditionelle Almkulinarik und zaubern Almgerichte im neuen Gewand. In der Eishof-Küche wird alles selbst hergestellt, was selbst zu machen geht: Nudeln, Brot, Marmeladen, Müsli, Kräuterbutter … Zudem legt das Team großen Wert auf regionale und saisonale Produkte und bringt neben Käse vom eigenen Hof und der Vorderkaser Alm jede Menge anderer Zutaten von Bauern und Produzenten der Umgebung auf den Tisch. Hier schlagen viele Herzen für ein und dieselbe Sache: gutes Essen, Gastfreundschaft und Liebe zum Detail. Das schmeckt und spürt man überall auf dem Eishof. Abends serviert das Team den Übernachtungsgästen ganz almuntypisch ein gaumenschmausiges Drei-Gänge-Menü – auf Anfrage auch vegetarisch oder vegan.

TIPP

Unterwegs die Augen offen halten – das Pfossental ist eines der wildreichsten Täler Südtirols.

WLAN oder Fernseher gibt's hier auf 2076 Metern nicht, dafür aber eine warme Dusche, Strom aus dem eigenen Werk und ganz viel Natur. So schläft man unter den Sternen des Pfossentals wie ein Murmeltier bis zum nächsten Morgen. Sobald die ersten Sonnenstrahlen durch die Berggipfel lugen, heißt es raus aus den Federn, die frische Alpinluft einatmen und sich mit einem leckeren Frühstück mit allerlei Hausgemachtem stärken, bevor es weitergeht. Der Eishof liegt nämlich am Meraner Höhenweg, einem der beliebtesten Rundwanderwege Südtirols, der über mehrere Etappen durch den Naturpark Texelgruppe führt. Natürlich kann man aber auch nur für einen Tagesausflug zum Almgasthof kommen und das leckere Essen genießen, mit einem obligatorischen Schnapsl zum Abschluss.

● Berggasthof Eishof, Katharinaberg, Pfossental, I-39020 Schnals, Tel. +39 0473 42 05 24, www.eishof.com

Das Glück der Riesen

18 Die Energie der Ultner Urlärchen aufnehmen

Schon mal einen Baum umarmt? Wer das mal versucht, merkt schnell, welches Feuer Bäume ausstrahlen können und wie viele Endorphine das Umarmen von Bäumen freisetzt.

In St. Gertraud, dem letzten Dorf des ursprünglich anmutenden Ultentals, stehen auf 1425 Metern einige ganz besondere Bäume am Waldrand. Drei Europäische Lärchen, die zum UNESCO-Welterbe zählen. Warum? Weil sie uralt sind. Wirklich uralt. Als 1930 eine der damals vier Lärchen umstürzte, sollen die Ultner im Stamm stolze 2000 Jahresringe gezählt haben. 2004 haben Forscher das Alter der drei noch stehenden Lärchen genauer ermittelt und kamen durch verschiedene Berechnungsverfahren auf 850 Jahre. Damit sind die Ultner Urlärchen die ältesten Nadelbäume Europas. Aber zurück zum Bäumeumarmen. Sie so richtig zu umarmen, geht alleine wegen des Umfangs nicht. Der höchste dieser Riesen ist 36,5 Meter hoch und hat einen Stammumfang von sieben Metern. Die dickste Lärche ist fast ebenso hoch und misst 8,34 Meter im Umfang. Zudem sind die Urlärchen seit 1979 geschützt und wurden teilweise eingezäunt. Aber eine der Lärchen kann man berühren und in eine kann man sogar hineingehen. Ja, richtig gelesen. In einer der Lärchen gibt es eine große Stammhöhle. Dadurch kann man praktisch in den Baum hineinschlüpfen und von innen durch den Stamm in den Himmel blicken. Ein Wahnsinnsgefühl. Obwohl die Gipfel der Urlärchen verdorrt sind, beginnen die Bäume jedes Frühjahr wieder zu ergrünen. Genau dann ist der beste Zeitpunkt, um sie zu besuchen. Dann strahlen sie noch mehr Stärke aus. Also: Augen schließen, Arme ausbreiten, die Haptik der Rinde spüren, den Duft und die Geräusche wahrnehmen … Wer sich darauf einlässt, kann die Energie der Bäume spüren. So fühlt sich Glücklichsein an.

Die Ultner Urlärchen liegen übrigens am Ultner Höfeweg, der von Kuppelwies bis nach St. Gertraud an alten Bauernhäusern vorbeiführt. Viele von ihnen sind noch mit den typischen Schindeln aus Lärchenholz eingedeckt und mit großen Steinen beschwert.

TIPP

Eine der besten Pizzas vom Tal gibt's unterhalb der Urlärchen in der Jausenstation Lärchengarten.

● Ultner Urlärchen am Ultner Höfeweg, direkt an der Pizzeria Lärchengarten, Ausserlahn 18, I-39016 Ulten-St. Gertraud
Tourismusgenossenschaft Ultental/Proveis, St. Walburg 104, I-39016 Ulten, Tel. +39 0473 79 53 87, www.ultental.it

Relaxen im Raum für Dich

19 Yoga und mehr im Gartensaal Baslan in Tscherms

Ganz bei sich ankommen. Bewusst den Moment wahrnehmen und jeden Augenblick mit allen Sinnen erleben ... Gerade in der heutigen Zeit, in der Termine, Druck und Stress alltäglich sind, nimmt man sich kaum noch Zeit für die wesentlichen Dinge des Lebens. Ab und zu ist es wichtig, sich bewusst Momente für sich zu nehmen. Zu spüren, was man wirklich im Leben will und was glücklich macht. Einfach wieder zurück zu sich selbst finden. Im Gartensaal im historischen Ansitz Baslan in Tscherms ist das vielleicht ein bisschen leichter als anderswo.

Von außen ist das Anwesen unscheinbar. Es geht über eine enge Straße ein Stück bergauf und dann durch ein Holztor hinein in den verwunschenen Park des historischen Ansitzes Baslan. Ist man erst mal hinter den Mauern, wird man mit jedem Schritt innerlich schon ein bisschen ruhiger. Der Weg führt über Steinplatten vorbei an mannshohem Bambus und einem uralten, knorrigen Kastanienbaum, begleitet wird man von Vogelgezwitscher. Dann hinein in den Ansitz. Dort heißt es Schuhe ausziehen und den lichtdurchfluteten Gartensaal betreten. Der Raum selbst strahlt bereits eine solche Ruhe aus, dass seine Besucher unwillkürlich diese Ruhe annehmen.

TIPP

Die Yoga-Days im Sommer sind ein echter Geheimtipp. Ein zweitägiges familiäres Mini-Yoga-Festival.

Martina Egger und Fritz Bach leiten ein Team von Referenten, das im Gartensaal Baslan Kurse und Seminare für Körper und Geist anbietet. Wer einmal drinnen oder draußen im Garten Yoga, Shaolin Qi Gong oder Meditation gemacht hat, der kommt vielleicht gestresst an, geht aber tiefenentspannt. Im sogenannten Raum für Dich geht es um eben genau dies. Um Körperarbeit, Bewegung und bewusste Wahrnehmung. Der Ansitz von Schloss Baslan ist seit 1986 denkmalgeschützt und einer der ältesten Höfe von Tscherms. Um 1900 galt er als Musterbetrieb für Calville-Äpfel, die in Seidenpapier verpackt an die Kaiserhöfe von Wien, Berlin und St. Petersburg gelangten. Heute schafft der Ansitz einen Ausgleich zum Alltag. Ein paar Augenblicke, in denen man ganz zu sich zurückkehren und zu innerer Ruhe finden kann.

● Gartensaal im Ansitz Schloss Baslan/Raum für Dich, Lebenbergerstraße 2a, I-39010 Tscherms, Tel. +39 349 071 27 36, www.raumfuerdich.it

Südtiroler Genussmarkt

20 Einkaufen und essen im Pur Südtirol in Lana

Südtirol ist bekannt für seine vielfältige Küche. Für bäuerliche Gerichte mit Einflüssen aus Bella Italia. Knödel und Marendbrettln mit Südtiroler Käse, Speck und Schüttelbrot treffen hierzulande auf Pizza, Pasta und amore. Dazu ein Glas guter Wein oder ein selbst gemachter Saft … Genauso schmeckt Südtirol. Die Südtiroler stehen auf frische, hausgemachte Gerichte und auf regionale Produkte. Und wer zu Hause seine Südtirol-Lieblingsrezepte nachkochen möchte, findet alle Zutaten im Pur.

Pur Südtirol ist ein Genussmarkt mit lokal produzierten, hochwertigen Lebensmitteln. Es gibt Filialen im ganzen Land und seit 2016 auch in Lana. Hier finden Genießer 2200 regionale Qualitätsprodukte von 240 Bauern und Manufakturen des Landes in den Regalen: Käse, Obst und Gemüse, Aufstriche, Wein, Säfte … Und Südtiroler Bauernspeck, der wirklich 100 Prozent Südtirol ist. Im ganzen Land verarbeiten nämlich nur 37 Bauern und Betriebe ausschließlich Fleisch von Südtiroler Schweinen. Einer davon ist die Metzgerei Steiner aus Niederrasen.

TIPP

Die Pur-Manufactur-Linie hält Designprodukte rund um den Esstisch parat wie Gläser, Kochlöffel und Co.

Selbstverständlich kostet diese Qualität etwas mehr und generell sind die Preise im Pur höher als im Supermarkt, aber dafür kriegt man auch natürlich produzierte Lebensmittel, fernab von Massenware. Und ist es nicht so, dass es glücklicher stimmt, für gute Produkte etwas mehr auszugeben, als am falschen Ende zu sparen? Dafür weiß man, wer hinter den Produkten steckt. Wer den Speck geräuchert und die Marmeladen eingekocht, wer die Milch veredelt und die Nudeln hergestellt hat.

Hinter den Pur-Südtirol-Produkten stecken echte Typen, Querdenker, mutige Grenzgänger und Freigeister – das schmeckt man. Wer die leckeren Produkte gleich vor Ort probieren möchte, kann im charmanten Bistro mit Weinbar oder auf der sonnigen Terrasse frühstücken oder aus frischen Mittagsgerichten auswählen. Täglich auf der Speisekarte stehen unter anderem: Pur Burger vom einheimischen Rind und Ofenkartoffel auf Salat mit Gemüse und Frischkäse, Speck oder Räucherforelle. Frisch zubereitet und mit einem Lächeln serviert.

● Pur Südtirol Lana, Industriezone 8, I-39011 Lana, Tel. +39 0473 01 21 46
www.pursuedtirol.com

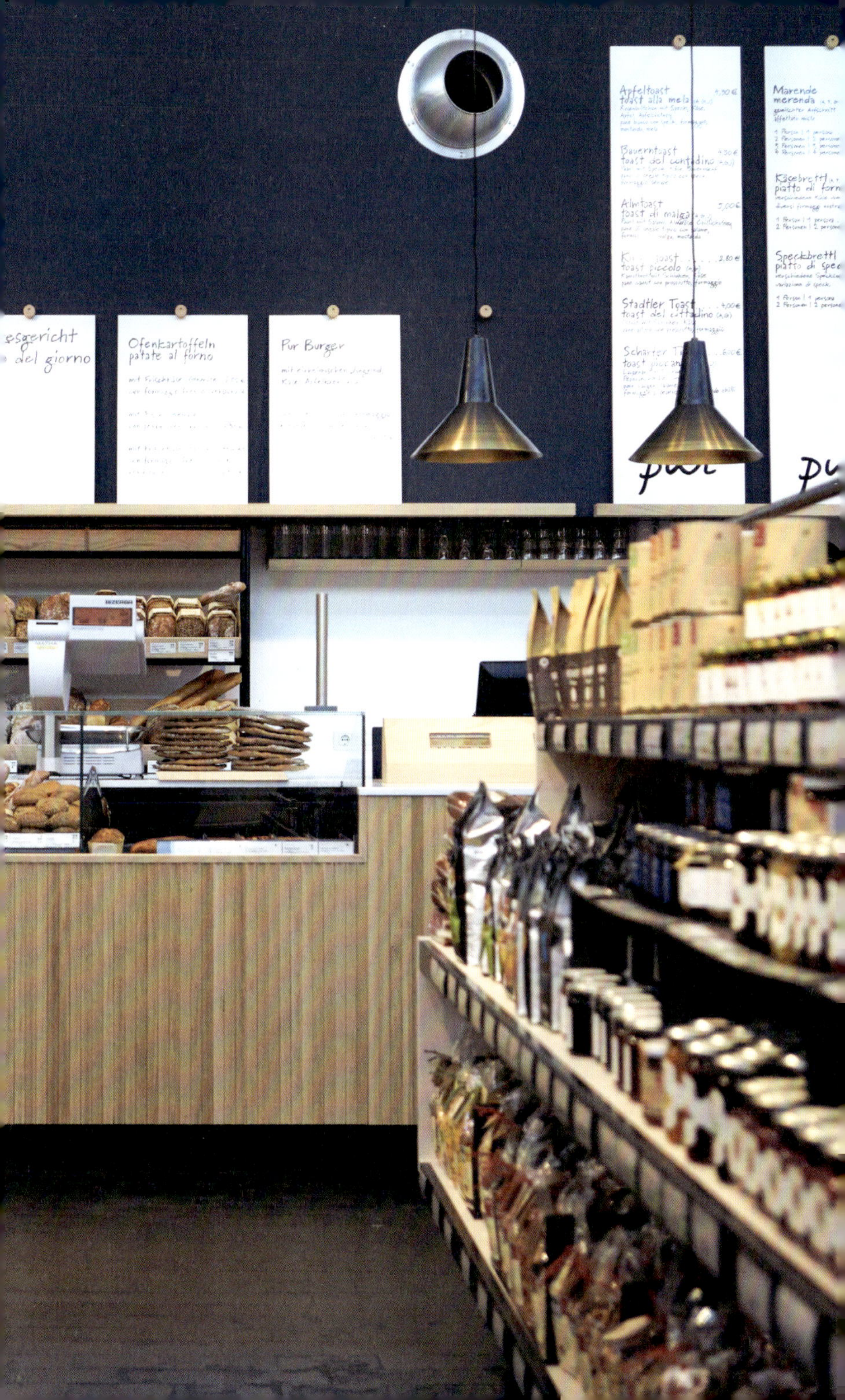
Ofenkartoffeln
patate al forno
Pur Burger
Apfeltoast
toast alla mela
Bauerntoast
toast del contadino
Almtoast
toast di malga
Marende
merenda

Auf pelzigem Kuschelkurs

21 In der Tierwelt Rainguthof in Tisens

Das Streicheln von Tieren kann wirklich glücklich machen. Berührt man ihr flauschiges Fell, sinkt der Blutdruck, Atem und Puls regulieren sich und es werden Endorphine und Dopamine freigesetzt. In der Tierwelt Rainguthof in Tisens können Besucher auf Kuschelkurs mit Haus-, Hof- und Wildtieren gehen. Familie Piazzi hat am Reinguthof an der Straße Richtung Gampenpass ein wahres Tierparadies geschaffen. Hier können Besucher ein Kamel neben Damwildkälbern streicheln, hier leben zottelige Galloway-Rinder mit neckischen Hängebauchschweinchen zusammen. Auf rund 1100 Quadratmetern kümmert sich die Familie (die übrigens auch das nahe gelegene Gasthaus Gfrillerhof betreibt) mit viel Herzblut darum, dass es allen Tieren gut geht. Die Anlage ist liebevoll gepflegt, das Zentrum bildet ein alter Bauernhof. Drum herum stehen urige, kleine Holzhütten und Unterstände mit Schindeldächern. Ein Refugium für Ziegen, Schwarznasenschafe, Mufflons, Ponys, Hühner … Für Präriehunde und Eichhörnchen, für Gänse, schwarze Schwäne und weiße Pfauen … Einige Fell- und Federtiere faulenzen in ihren Gehegen, einige spazieren frei über den Hof und erhaschen sich hie und da von den großen und kleinen Besuchern eine Handvoll Futter. Für einen Euro kann man am Eingang eine kleine Tüte mit Futter kaufen und die Tiere füttern. Diese sind dementsprechend zutraulich und fressen einem sprichwörtlich aus der Hand. An den Tiergehegen sind Informationstafeln mit ausführlichen Erklärungen angebracht und auf der Wiese stehen mehrere Tische und Bänke. Sie laden zum Picknicken mit Blick auf die Berge ein. Im kleinen Kiosk gibt es eine Brettljause oder Kaffee und leckeren Kuchen.

Die Tierwelt Rainguthof ist der richtige Ort für alle Tierfreunde, besonders natürlich für Familien mit Kindern. Wobei nicht nur die strahlen, wenn die neugierigen Zwergschafe an ihnen schnuppern und die Esel laut iahen. Der Eintritt beruht auf freiwilliger Spende (die durchaus großzügig ausfallen sollte). Die Tierwelt finanziert sich durch Spenden und all die Tiere glücklich zu machen, kostet natürlich.

TIPP

Auf dem Weg zur Tierwelt Rainguthof sieht man auf dem Hügel in Naraun das St. Hippolyt Kirchlein.

● Tierwelt Rainguthof, Gampenstraße 52, I-39010 Tisens-Gfrill, Tel. +39 0473 92 09 36, www.gfrillerhof.com

Ein Sprung ins Vergnügen

22

Schwimmen im Naturbad Gargazon

Schwimmen gehört zum Sommer wie Eisschlecken und Sonnetanken. Es gibt nichts Schöneres, als nach dem Wandern oder Radfahren in einen See oder ein Schwimmbad zu springen. Das Naturbad Gargazon bietet beides in einem: Schwimmbad und kleinen natürlichen See. 2000 Quadratmeter Schwimmvergnügen zum Abtauchen und Runterkommen.

Das Naturbad Gargazon hat ein eigenes Ökosystem. Chemische Wasserreinigung oder Chlor gibt es hier nicht. Das Konzept dieses Schwimmbads ist nachhaltig. Hier ziehen Wasserratten ihre Bahnen in natürlichem Wasser, das sich (fast) ganz von selbst reinigt. Nämlich durch die Wasserpflanzen, die am Beckenrand und in den Filterbereichen wachsen. Phyto- und Zooplankton tragen ihr Übriges dazu bei und halten das Wasser gemeinsam mit eingebauten Strömungsanlagen, mechanischen Absaugungen und Rinnen sauber. Auch das Heizen des Duschwassers geschieht auf natürlichem Weg – mit Sonnenkollektoren. Nachhaltiger geht ein Schwimmbadbesuch kaum. Für Kinder und Familien gibt es einen natürlich angelegten Bachlauf und ein eigenes Kleinkinderbecken, für Schwimmer stehen ein 50-Meter-Becken und ein Spaßbecken mit bis zu zwei Metern Tiefe bereit. Auch Nichtschwimmer können sich freuen. Über einen eigenen Bereich mit maximal 1,20 Meter Tiefe. Übrigens: Keine Angst, wenn mal eine Libelle vorbeifliegt. Der vegetationsreiche Uferbereich des Naturbades bietet Insekten und Kleintieren den idealen Lebensraum. Libellen sind vollkommen ungefährlich und stechen nicht. Und das Beste: Sie jagen lästige Mücken.

Geöffnet ist das Naturbad dank der milden Temperaturen in Gargazon von Ende Mai bis Anfang September. Man kann bequem mit dem Zug anreisen oder mit dem Fahrrad. Das Bad befindet sich nämlich unweit vom Zugbahnhof Gargazon und am Radweg. Ein Besuch kann also gut mit einer Radtour verbunden werden. Wenn die Badegäste dann noch vor dem Baden gründlich duschen und mit wasserfesten Sonnencremes sparen, ist das Badeglück im naturnahen Badeteich perfekt.

TIPP

Am frühen Morgen hat man das Naturbad fast ganz für sich und genießt eine besondere Lichtstimmung.

● Naturbad Gargazon, Bahnhofstraße 37, I-39010 Gargazon, Tel. +39 0473 29 11 29
www.naturbad-gargazon.it

Museum für Heldinnen

23

Ein Besuch im Frauenmuseum in Meran

Was galt im 19. Jahrhundert als weiblich? Wie sahen die Schönheitsideale aus? Im Frauenmuseum zeugen Kleider, Accessoires und Alltagsgegenstände, Bücher und Dokumente von den jeweiligen Epochen der vergangenen 200 Jahre und lassen die Besucher eine kleine Reise durch die Zeit erleben. Mal zum Schmunzeln, mal zum Nachdenken, mal provokativ.

Das Museum befindet sich im letzten Stockwerk und im Dachgeschoss eines ehemaligen Frauenklosters am Kornplatz in Meran. Es ist eines von rund 100 Frauenmuseen auf der ganzen Welt. Im historischen Gemäuer befindet sich die Kultur- und Alltagsgeschichte aus weiblicher Sicht vom 19. Jahrhundert bis heute. Gegründet wurde das Museum von der gebürtigen Vorarlbergerin Evelyn Ortner. Die leidenschaftliche Sammlerin wollte so für die Frauengeschichte sensibilisieren. 1988 eröffnete sie das Museum, 1993 wurde der Verein *Frauenmuseum – Die Frau im Wandel der Zeit* gegründet. Das Museum entwickelte sich weiter zu dem, was es heute ist, und regt mit Diskussionen immer wieder zu mehr Aufmerksamkeit hinsichtlich Chancengleichheit und Frauenrechten an.

TIPP

Ein Besuch im Kunsthaus Meran in den Lauben 163 ist auch sehr empfehlenswert.

In einem Raum zwischen Vitrinen sind sechs Frauen mit unterschiedlichen Berufen und Berufungen aus Vergangenheit und Gegenwart zu sehen. Ganz nach dem Motto des Museums „Wir brauchen Heldinnen, Vorbilder und Bahnbrecherinnen! Wir haben sie!" zeigen diese Frauen Stärke, Mut, Professionalität und Einsatz für eine gerechte Welt, in der Frauen über ihr Leben selbst bestimmen können und wertgeschätzt werden. Neben dieser permanenten Ausstellung gibt es auch eine Gastvitrine. Hier wird regelmäßig eine noch lebende Frau geehrt, die eine Wegbereiterin für Frauen war – ob im Beruf oder sonst in ihrem Leben. Zudem findet mindestens einmal im Jahr eine Sonderausstellung statt. Ebenso gibt es Vorträge, Workshops und andere kulturelle Veranstaltungen. Auch wenn das Museum selbst nicht besonders groß ist, lohnt sich ein Besuch. Nicht nur als Frau, auch für Männer ist das Museum interessant.

● Frauenmuseum Meran, Meinhardstraße 2, I-39012 Meran, Tel. +39 0473 23 12 16
www.museia.it

1814-1914

Essen, schlafen, genießen

24 Boutique-Hotel 1477 Reichhalter in Lana

Das 1477 Reichhalter in Lana ist alles andere als gewöhnlich. Hier spüren die Gäste das Besondere und Einzigartige an jeder Ecke, unter jedem alten Deckenbogen. Hier wird Gastlichkeit mit Geschichte gelebt. Das Haus hat bereits mehr als ein halbes Jahrtausend auf dem Buckel. Seit 1477 prägt es das Leben in Lana. Einst war es eine Mühle, Bäckerei, Metzgerei, dann Kaffeehaus und zuletzt Gasthaus. Im Sommer 2018 wurde es mit viel Herzblut zu einem Boutique-Hotel mit Café und Restaurant umgebaut. Dabei wurde das Authentische und Echte bewahrt und mit modernem Design kombiniert. Minimalistisch und stilvoll. Das Konzept spiegelt sich auch im Küchenkonzept wider. Gastgeber Martina und Andreas Heinisch bieten ihren Gästen wöchentlich wechselnde Gerichte an, um stets saisonale Zutaten verwenden zu können. Nahezu alle Produkte kommen aus der Umgebung – teilweise sogar direkt vom Bauern.

TIPP

Durch die Fußgängerzone von Lana bummeln und die vielen kleinen Geschäfte und Cafés entdecken.

Andreas kocht nach dem Motto „ehrlich, einfach, gut“. Bereits zum Frühstück gibt es selbst gemachte Marmeladen und Schokoladenaufstrich, frisch gebackene Croissants und kleine Törtchen aus der hauseigenen Patisserie. Das Brot stammt vom Südtiroler Bäcker und kommt ofenfrisch auf den Stubentisch, die Salami stellt der Gastgeber höchstpersönlich her. Zum Lunch und Dinner gibt es eine kleine Weinkarte und hausgemachte Limonaden. Dann werden gerne besondere Kreationen serviert, die den Gast überraschen. Das kommt an. Nicht nur bei den Gästen, sondern auch beim Magazin Monocle Drinking & Dining Directory, das dem 1477 Reichhalter 2019 den „Monocle World's Best Restaurant Award“ verliehen hat. Und beim Internationalen Restaurantguide Falstaff, der im selben Jahr 90 von 100 Punkten verlieh und das Reichhalter somit mit drei Gabeln auszeichnete. Gäste speisen in der behaglichen Wirtsstube oder im Sommer auf der Terrasse unter Weinlaub und freiem Himmel. Da kann es schon mal so gemütlich werden, dass man gar nicht mehr gehen möchte. Lieber die Treppe nach oben, in eines der acht kleinen Zimmer und selig ins Bett fallen.

● 1477 Reichhalter, Metzgergasse 2, I-39011 Lana, Tel. +39 0473 56 30 28 (Eat), Tel. +39 0473 05 10 50 (Sleep), www.1477reichhalter.com

Ein etwas anderer Bauernhof

25 Der Hof des Wandels in Eppan

Alles steht im Wandel. Immer und überall. Und auch, wenn es manchmal schwerfällt, Altes loszulassen, um Neues willkommen zu heißen, hat es Familie Kager in Eppan gewagt. Aus ihrem herkömmlichen Obstbaubetrieb hat sie in den vergangenen Jahren durch harte Arbeit, mit viel Geduld und der nötigen Prise Leichtsinn einen vielseitigen Permakulturhof geschaffen. Den Hof des Wandels – einen Glücksort für Körper, Seele und Geist. Alles, was die Familienmitglieder auf ihrem Hof heute produzieren, wächst völlig ohne Pestizide, Herbizide und Kunstdünger. Nachhaltige Landwirtschaft mit kleinen Kreisläufen.

Hanspeter hatte ursprünglich die Idee dazu. Gemeinsam mit Ehefrau Martina, Tochter Lisa und ihrem Partner Jakob sowie, nicht zu vergessen, dem Jüngsten: Herzensmensch Kiran, haben sie aus der anfänglich verrückten Idee Realität gemacht. Sie haben geschaufelt und wie wild gepflanzt, noch mehr geplant und philosophiert. Heute produziert Jakob Gemüse auf dem eigenen Feld, verpackt es mit Lisa in bunte Abo-Kisten oder verarbeitet die Ernte zu einzigartigen Küchenkreationen. Der gelernte Koch mit eigenem Catering-Service verwendet das eigene Gemüse von der Knospe bis zur Wurzel. Auch wilde Kräuter und Blüten finden den Weg in seinen Kochtopf. Alles, was er gerade nicht zum Kochen braucht, kocht er ein, trocknet, räuchert oder fermentiert es. In regelmäßigen Workshops weiht er Interessierte in die Kunst des Einlegens und Fermentierens ein. Eine spannende und lehrreiche Sache.

TIPP

Im Hofladen gibt es die Leckereien und die ätherischen Öle, Seifen und Co. zu kaufen.

Ätherische Öle, Hydrolate, Seifen und Öle sind Hanspeters Spezialgebiet. In seiner Destillationswerkstatt verarbeitet er all die duftenden Aroma-, Gewürz- und Heilpflanzen, die auf dem Hof in mediterranem Klima wachsen. Auch dieses Wissen gibt er in Workshops weiter, so auch Martina und Lisa. Martina praktiziert auf dem Hof Heilhypnose und gibt – ebenso wie Lisa – regelmäßige Yoga-Kurse. Vor allem im Sommer auf der selbst gebauten Plattform hoch über dem Hof des Wandels sind die Yoga-Sessions ein ganz besonderes Erlebnis für Körper, Seele und Geist.

Hof des Wandels, Paulserstraße 32, I-39057 Eppan- St. Pauls
www.hofdeswandels.com

Himmel
Duftgarten
Waldgarten
Hofladen

Slow Flowers

26 Der DA Genussgarten in Meran

Blumen haben die besondere Gabe, ein Lächeln ins Gesicht ihrer Betrachter zu zaubern. Sie machen Feste, Geburtstage und Hochzeiten zu etwas Besonderem. Doch kaum jemand macht sich Gedanken darüber, wie die Blumen vom Blumenstrauß aus dem Discounter angebaut wurden und unter welch enormem Ressourcenaufwand die preiswerten Blumen aus dem Supermarkt produziert und gehandelt werden. Blumen sind zur Massenware ohne Wert geworden. Eine kleine Familie aus Meran möchte den blühenden Freudebringern jetzt die Aufmerksamkeit zurückgeben, die sie eigentlich verdienen.

Ganz nach dem Motto „kurze Wege, langer Sinn" machen Anna Gruber und ihr Partner Daniele Piscopiello ihre solidarische Landwirtschaft für alle erlebbar. In ihrem kleinen Geschäft „Farm to table" in Meran gibt's ein wenig Gemüse, ein wenig Getreide und ein wenig Kartoffeln – alles was der DA Genussgarten von Anna und Daniele hergibt und was gerade so *DA* ist. Da kann man sich mit frischen Salaten und Gemüse für die Woche eindecken und mit Joghurt, Quark, Wurst und Speck vom Archehof Oberniederhof im Schnalstal (übrigens auch ein wahrer Glücksort!). Seit 2021 kann man hier auch nachhaltige Blumen kaufen. Um den Anbau und das Arrangement kümmert sich Anna.

TIPP
Einen 15-minütigen Spaziergang entfernt befindet sich im Zentrum Merans die Salatbar „L'insalatina".

Sie sät und pflanzt, arrangiert und flicht. Sie bündelt Tulpen, Narzissen, Verbenen, Dahlien, Wicken, Lupinen und Nelken zu Blumensträußen, Bouquets und Kränzen. In meist zurückhaltenden zarten Farben und duftenden Natur-Nuancen. Alle Pflanzen werden nachhaltig angebaut und kommen auf kurzen Wegen direkt ins Geschäft und von dort zu Blumenliebhaberinnen und Pflanzenverehrern nach Hause. Ohne Pestizide, künstliche Dünger und Gentechnik.

Zu den selbst angebauten Duftgewächsen gesellen sich noch jede Menge Wildblumen, wie die Schafgarbe oder die wilde Karotte, eine von Annas Lieblingen. Alle ganz naturbelassen, ohne Plastik und ohne Kunststoff-Steckmasse. Slow Flowers eben, wie sich die Bewegung nennt, der sich neben Anna immer mehr Leute verschreiben.

● DA Genussgarten, Vogelweidestraße 26, I-39012 Meran, Tel. +39 339 403 07 39

Kräutersalz
Sale alle erbe

Handgerollte Glücksgefühle

27

Restaurant Knödelglück in Dorf in Tirol

Knödel gehören zu Südtirol wie seine berühmten Berggipfel. Das Nationalgericht bietet Südtiroler Lebensfreude für den Gaumen. In der Alpenregion führt kein Weg am traditionellen Gericht vorbei und man muss die berühmten Südtiroler Knödel einfach mal probiert haben. Wo ginge das besser als in einem Restaurant mit Namen Knödelglück? Hier gibt es handgedrehte Knödel, so wie früher von Oma zubereitet – aus Knödelbrot, etwas Milch und Eiern, verfeinert mit allen möglichen regionalen Zutaten. Ob klassisch mit Speck, Käse, Spinat und Roter Bete oder etwas gewagter mit Bärlauch, Spargel oder Brennnessel. Gastgeber Moni und Markus Tschigg betreiben ihr Knödelglück seit April 2019 und probieren gerne Neues aus. Sie wagen außergewöhnliche Kreationen wie Knödel-Lasagnette – ein Körbchen aus Knödelmasse gefüllt mit Steinpilzen oder Kürbis – oder Knödel-Carpaccio auf Salat mit Holunderdressing.

Das Knödelglück erreicht man über mehrere schöne Spazierwege. Beispielsweise über den Tappeinerweg, eine der schönsten Promenaden Merans, oder über die Gilfpromenade fernab von Lärm und Verkehr. In diesem Teil der Stadt gibt es mediterranes Feeling begleitet vom Rauschen des wilden Flusses Passer. Entlang des Weges warten immer wieder kleine Bänke mit eingebrannten Dichterzitaten. Angekommen, genießt man eine echt fabelhafte Aussicht über die Kurstadt Meran und den wenige Schritte entfernten Pulverturm. Der Aussichtsturm ist einer der beliebtesten Sehenswürdigkeiten von Meran. Während des Dreißigjährigen Krieges wurden in diesem Turm die Schießpulverbestände der Stadt gelagert. Heute bietet er einen 360-Grad-Blick über Meran und das gesamte Burggrafenamt. Zum Aperitif hat man die Wahl zwischen Fichtenhugo, Basilikumhugo, Erdbeerhugo oder Glückshugo. Dazu werden hauseigene Knödelchips serviert. Und zum krönenden Abschluss gibt es stilgerecht süße Marillenknödel, Apfelknödel und hausgemachten Likör, zum Beispiel Schoko-Chili. Ein Traum.

TIPP

Nach dem Essen auf den Pulverturm steigen und die Postkarten-Aussicht genießen.

● Restaurant Knödelglück, Zenoberg Straße 15A, I-39012 Meran, Tel. +39 371 312 48 92
www.knoedelglueck.com

Einer spinnt immer

28 Wollmanufaktur Spinnradl im Passeiertal

In einem urigen Tal nördlich von Meran, übrigens Heimat des Tiroler Volkshelden Andreas Hofer, wird heute noch ein einzigartiges altes Handwerk betrieben. Familie Haller spinnt. Und zwar Wolle. Seit Tochter Franziska 2018 den Traditionsbetrieb übernommen hat, strickt sie mit ihrer Familie im Spinnradl im Passeiertal ganz besondere Sarner-Jacken aus reiner Schafwolle. Ungewöhnlich, denn die Sarner sind eigentlich im Sarntal zu Hause, einem anderen Tal Südtirols. Wer jetzt denkt, die sind bestimmt voll altbacken, hat noch nie die Psairer-Sarner gesehen. Die Jacken mit modernen Schnitten, teilweisen wilden Mustern und modischen Metallknöpfen sind genau das Gegenteil.
Das Spinnradl gibt es bereits seit 1948. Kurz nach Ende des Zweiten Weltkrieges erkannte Alois Haller den Wert und die Bedeutung der Schafwolle. Damals gingen allerdings nur traditionelle Stücke aus Wolle über die Theke. Heute kommen Kunden aus ganz Südtirol, um sich ihren Wunsch-Sarner auf Maß schneidern zu lassen. Sie können dabei aus verschiedenen Farben, Futterstoffen und Knöpfen ihr Lieblingsstück kreieren. Eine Jacke mit Kapuze, mit Stegkragen, Revers oder Reißverschluss. Einen Doppelreiher, einen Mantel oder ein Cape.

TIPP

Unbedingt in der Konditorei Kobler nebenan eine hausgemachte Praline probieren.

Aus der anfänglichen Spinnerei ist längst eine wahre Spinnkunst geworden. Wer sich einen Psairer-Sarner aussucht, steht quasi mitten in der Werkstatt und kann den Näherinnen fast über die Schulter schauen. „Uns ist es wichtig, dass unsere Kunden sich überzeugen können, wo ihre Jacke angefertigt wird und wie viel harte Arbeit darin steckt", sagt Franziska. Ja, in so einem Sarner steckt wahrlich viel Arbeit. In der Werkstatt wird die frisch geschorene Schafwolle der Tiroler Bergschafe gewaschen, zu Wollvlies oder Strickwolle verarbeitet und dann in liebevoller Strick- und Näharbeit veredelt. Handwerk von Anfang bis Ende. Und eine einzigartige Arbeit, in der Franziska aufblüht: „Es macht mich glücklich, wenn mich meine Kunden voller Freude über unsere Arbeit umarmen."

● Spinnradl Shop und Schneiderei, Kohlstatt 4, I-39015 St. Leonhard in Passeier, Tel. +39 0473 65 61 92, www.spinnradl.it

Glück zum Schlecken

29

Die Eisdiele Sabine in Meran

Die Eisdiele Sabine liegt eher versteckt in einer Seitenstraße hinter der Therme in Meran. Hier fallen Eisliebhaber nicht beim Vorbeigehen ein. Trotzdem bildet sich jeden Sommer häufig eine lange Schlange vor dem Laden, denn das cremige Eis schmeckt einfach unfassbar lecker. Neben klassischen Sorten gibt es in der Gelateria auch ausgefallene, wie Hugo, Holunder oder im Herbst Erdbeertraube, das ist eine spezielle Sorte von Trauben. Und dann sind da noch die vielen Toppings … Ein Traum für alle, die echtes italienisches Eis lieben. Und das zu absolut fairen Preisen. Übrigens gibt es auch Eistorten, Frozen Joghurt und sogar ein eigenes Eis für Hunde – aus Rindfleisch und Karotte.

Gegründet wurde die Eisdiele von Antonio Munaretto, Jahrgang 1936. Eine Eisdiele liegt in Meran, eine in Dorf Tirol. Seit 65 Jahren ist der Gelatiere im Gewerbe. Unzählige Südtiroler Eismacher haben bei ihm gelernt. Und nicht nur die. Auch Soraya von Persien, Sebastian Vettel und Fidel Castro weihte er in die Kunst der Eisherstellung ein. Munaretto hat die Eiskultur in Südtirol verändert. So manches Eis in Südtiroler Eisdielen trägt seine Handschrift. Ganze 20 Jahre lang kämpfte er für ein Gesetz, dass in einer Südtiroler Eisdiele nur handwerklich hergestelltes Eis aus eigener Produktion verkauft werden darf. Mit Erfolg.

TIPP

Eis holen und wenige Meter weiter ans Ufer der Passer setzen. Dort befinden sich begrünte Terrassen.

Zwar ist es gesetzlich heute nicht mehr verankert, aber seine Richtlinien werden immer noch eingehalten und Eisdielen-Eis in Südtirol wird heute ausschließlich aus Frischmilch, Sahne, pasteurisierten Eidottern, Zucker und Früchten hergestellt. Ohne Farbstoffe, künstliche Aromen und Konservierungsmittel. Auch in der Eisdiele Sabine versteht sich. Geheimrezept? Gibt's keines. Dass das Eis sooo lecker schmeckt, liegt ganz einfach an der Handwerkskunst und den Früchten, die frisch verarbeitet werden. Die Gelatiere machen drei bis fünf Mal täglich frisches Eis. Immer nur so viel, dass am Abend im besten Fall nichts mehr übrig bleibt. An heißen Sommertagen gehen schon mal bis zu 500 Kilogramm über die Theke.

● Eisdiele Sabine, Garibaldistraße 19, I-39012 Meran, Tel. +39 0473 23 08 99

CESENA

Ein Bett im Kornfeld

30 Schlafen im Freien am Haflingerhof in Jenesien

Wenn man so daliegt, mitten in der Natur, umhüllt vom Zirpen der Grillen und über einem nichts als der Sternenhimmel, dann verspürt man wahrlich einen Augenblick puren Glücks. Und wenn man dabei nicht auf dem nackten Boden, sondern in einem kuscheligen Bett liegt, dann verheißt das natürlich noch mehr Glückseligkeit. Beim Haflingerhof in Jenesien ist von Mai bis Juli ein Bett im Kornfeld frei. Ein Doppelbettzimmer in 935 Metern Höhe, mitten im Getreidefeld. Ganz ohne Schnickschnack, ganz ohne übertriebenen Komfort. Einfach ein gemütliches Bett, zwei Nachtkästchen, und das war's. Für das besondere Feeling sorgt ganz alleine die Natur. Der Sternenhimmel. Die 360-Grad-Panoramasicht. Der Blick auf die Bergwelt der Dolomiten, auf die Landeshauptstadt Bozen und über das Südtiroler Unterland und das Weinbaugebiet Überetsch.

TIPP

Eine Wanderung durch die wunderschönen Lärchenwiesen auf dem Salten machen.

Der Haflingerhof blickt auf eine lange Geschichte zurück. In Urkunden wurde er erstmals im Jahr 1288 erwähnt. Auf dem Selbstversorgerbetrieb leben Kühe und Kälbchen, es wachsen Getreide, Obst, Gemüse und Wein – auf dem höchsten Weingut der Umgebung.

Neben Schlafen unter freiem Himmel bekommt man am Haflingerhof übrigens auch einen Einblick in die landwirtschaftlichen Arbeiten. Familie Plattner bietet „Schule am Bauernhof" an. Seit 2014 ist der Haflingerhof ein zertifizierter Lehrbauernhof. Jungbauer Fabian will seinen Gästen die Arbeit am Hof vermitteln und zeigt, wie viel Fleiß und Hingabe hinter der Produktion von Lebensmitteln steckt.

Diese Liebe zur Landwirtschaft schmeckt man auch morgens beim Frühstück. Nach der Nacht im Kornfeld kann man mit der Morgensonne aufwachen und dann in der Panoramahütte, einer kleinen offenen Holzhütte neben dem Acker, ein leckeres Bauernfrühstück genießen. Mit Eiern von den Hofhühnern, frischer Milch und selbst gemachtem Joghurt. Mit hausgemachtem Brot, Säften und getrocknetem Obst. So eine außergewöhnliche Übernachtung muss man mal erlebt haben.

● Haflingerhof, Pittertschol 2, I-39050 Jenesien, Tel. +39 0471 35 43 11
www.haflingerhof.it

Pane, Pizza und amore

31

Italienisch essen im Soulfood in Schenna

Man soll dem Leib etwas Gutes bieten, damit die Seele Lust hat, darin zu wohnen. Was einst Winston Churchill sagte, lebt das Soulfood in Schenna durch und durch. Hier gibt's wahrhaftig Gutes und alles, was mit wirklich gutem Teig zu tun hat. Mit Lievito Madre, einem milden italienischen Sauerteig, der im Prinzip nur aus Mehl und Wasser besteht. Ohne Hefe, ohne Zusatzstoffe.

Gemeinsam mit Freundin Marie Therese Theiner führt Francesco Previati seit 2015 das Soulfood, ein Restaurant, in dem die Qualität im Mittelpunkt steht. Heute ist er für die Bäckerei und die Pizzen zuständig, sie die Ansprechpartnerin für die Gäste. Hauptdarsteller bleiben die ausgewählten erstklassigen italienischen Produkte und die unverfälschten natürlichen Lebensmittel: ofenfrisches Brot, knusprige italienische Pizza, Focaccia und Panettone.

TIPP

Unbedingt reservieren! Die Tische sind begehrt – vor allem die Panoramatische auf der Sonnenterrasse.

Für den Teig verwenden Francesco und Marie ausschließlich reines steingemahlenes Mehl aus Italien. Ohne chemische Zusatzstoffe und Stabilisatoren. Vor allem der Pizzateig schmeckt dadurch unvergleichlich und ist einer der besten weit und breit. Belegt mit Mozzarella fior di latte von Südtiroler Bergbauernhöfen und der seltenen Piennolo-Tomate von den Hängen des Vesuvs entsteht eine authentische italienische Pizza, für die man sonst wohl nach Napoli reisen müsste.

Von Herbst bis Frühjahr findet jeden Donnerstag die „Giro Pizza" statt. Dabei können Familien oder Freunde für einen festen Preis verschiedene Pizzen verkosten. Es wird so lange eine Pizza in die Mitte des großen runden Tisches gestellt, bis ein Stück übrig bleibt. Neben Pizza gibt es im Soulfood ausgewählte italienische Antipasti. Auch die Bäckerei ist bekannt – das hausgemachte Brot (pane) darf 24 Stunden lang gehen und wird sogar an viele Michelin-Stern-gekrönte Restaurants geliefert. Es gibt süßes Toastbrot, Ciabatta, Blätterteig-Gipfelen (Croissants) und Pain au chocolat … Wie alles im Soulfood enthalten sie nur die besten Zutaten. Und natürlich ganz viel Liebe.

● Soulfood, Alte Straße 12, I-39017 Schenna, Tel. +39 328 179 61 23
www.soulfood.bz

So klingt der Sommer

32 Ein Abend im ost west country club in Meran

Immer, wenn die Temperaturen nach oben kraxeln und sich die Gemüter am nahenden Sommer erheitern, verwandelt sich ein Teil der Kurstadt Meran in einen Abenteuerspielplatz für alle, die Gesellschaft lieben. Dann wird aus dem Marconi-Park (früher befand sich hier der Minigolfplatz) der country club des ost west clubs. Ein Treffpunkt aller Kulturen, Sprachgruppen und Nationalitäten. Hier kommen weltoffene Menschen zusammen, um miteinander in den Feierabend zu tanzen, hier begegnen sich Südtiroler und Gasturlauber, hier wird Musik gehört, gefeiert und geredet. Der ost west club ist ein Kultur- und Kommunikationszentrum mit Hauptsitz im Steinachviertel, ein sehr schönes und sehenswertes Viertel für alle, die Meran besuchen. Jährlich finden dort über 220 Veranstaltungen statt: Konzerte mit nationalen und internationalen Künstlern, Diskussionen und Repaircafé – zu dem jedermann und jedefrau hingehen und alte Dinge von Möbeln bis Klamotten und Elektrosachen reparieren lassen kann.

TIPP

Unbedingt einen Borghetti probieren. Der Kaffeelikör gehört zum ost west wie die Nächstenliebe.

Im Sommer ist der Club im Steinachviertel geschlossen. Seit 2017 gibt es aber eine Sommerresidenz. Viele Ehrenamtliche und freiwillige Helfer verwandeln dann den Marconi-Park in eine Freiluftbar. Ab Juni wird hier Tischtennis unter Nadelbäumen gespielt und unter bunten Lichterketten gemeinsam gefeiert. Im ehemaligen Kiosk gibt es kleine Happen zu essen und zu trinken. Die Preise sind erschwinglich, die Veranstaltungen kostenlos. Es gibt keine Konsumpflicht. Aber Besucher wären doof, würden sie nicht einen leckeren Bier-Cocktail, hausgemachte Bruschette und Südtiroler Bier wie das süffige „Ernst" probieren. Zudem tun sie damit noch was Gutes, denn der ost west club ist eine echte Bereicherung für Meran und seine Umgebung und jeder Cent ist gut investiert. Alle, die Meran und seine Bewohner richtig kennenlernen möchten, sollten hierherkommen. Zwischen Gesellschaftsspielen und Barfußtanzen geht Kontakteknüpfen und Gedankenaustausch ganz einfach. Also, auf einen großartigen glücks-ostwestlichen Sommer!

ost west country club, Marconi-Park, F.-Innerhofer- Straße 1, I-39012 Meran, Tel. +39 0473 69 15 44, www.ostwest.it

Zauberhafter Schoko-Laden

33

Die Confiserie Chocolat Steinmair in Bozen

Hier gibt es nicht nur Schokolade zum Frühstück, sondern rund um die Uhr. Bei Chocolat Steinmair in Bozen dreht sich alles um die zart schmelzende Verführung. Und wie es duftet … Ein Traum für jeden Schokoholic. Wir wissen alle: Schokolade macht glücklich. Noch glücklicher, wenn es ein so riesiges Sortiment an feinsten Schokoladen und Pralinen aus aller Welt gibt. Willy Wonka wäre neidisch.
In dem Haus, in dem einst Casanova wohnte – der venezianische Schriftsteller, der bis heute als Inbegriff des Frauenhelden gilt –, verführen heute Barbara und Kurt Steinmair ihre Besucher mit Schokolade und Pralinen in allen erdenklichen Formen. Auch bio, gluten- und laktosefrei. Alle liebevoll selbst von Hand verpackt. Unter uraltem Gewölbe präsentiert sich die großartige und traditionsreiche Handwerkskunst der besten Chocolatiers und führenden Schokoladenhersteller: Valhrona, Morin und Chapon aus Frankreich; Domori, Amedei und Sliti aus Italien; Berger aus Österreich; Amano aus Amerika; Marou aus Vietnam; Friis-Holm aus Dänemark und viele kleine innovative Manufakturen aus aller Welt.
Barbara und Kurt haben das Schokoladengeschäft 2015 als Quereinsteiger übernommen. Heute ist es ein Ort für alle Sinne und weit über die Landesgrenzen hinaus bekannt. Wer hier Schokolade kauft, kommt immer wieder. Warum? Weil die Schokoladen etwas ganz Besonderes sind. Jedes Jahr ist das Paar auf der Suche nach neuen aufregenden Zusammensetzungen und unterstützenswerten Manufakturen.
Wer den Schoko-Laden besucht, muss unbedingt die „Bozner Blumen" probieren – eine ganz spezielle Milchschokolade von Clement aus Bayern mit Blüten von Südtiroler Blumen. Und die handwerklich hergestellte Schokolade von Karuna – Südtirols Bean-to-Bar-Schokoladenpioniere. Karuna waren nämlich die Ersten, die hierzulande angefangen haben, Bio-Schokolade noch so herzustellen wie die Chocolatiers in den 1950er-Jahren, als Schokolade noch ein Luxusartikel war. Beginnend bei den Edelkakaobohnen – die sie sogar selbst rösten. Ein Traum.

TIPP

Über den Bozner Obstmarkt schlendern. Seit über 500 Jahren wird hier Obst und Gemüse verkauft.

● Chocolat Steinmair, Obstplatz 2, I-39100 Bozen, Tel. +39 0471 98 06 22
www.chocolat-steinmair.it

Mode mit gewissem Etwas

34 Die Marke glücklich – fair einkaufen in Eppan

Einkaufen macht zufrieden, dem stimmen wohl viele von uns zu. Vor allem Frauen können dies bestätigen. Aber warum ist das so? Na ja, durchs Einkaufen kann man sich eben einige seiner Wünsche erfüllen.

Im glücklich in Eppan ist der Name Programm. Über die Ladentheke gehen nur Stücke, die in der näheren Umgebung und vor allem zu fairen Konditionen designt und gefertigt wurden. Im glücklich nehmen sich die Verkäufer Zeit für ihre Kunden und für ihre Produkte, deren Geschichte und Herkunft. Richtige Schnäppchen sucht man im Laden vergeblich. Das Geschäft ist nicht günstig, dafür weiß man aber, wo die Sachen herkommen, und kann mit gutem Gewissen einkaufen. Und zwar Kleidung, Rucksäcke, Accessoires und richtige Designerstücke. Zeitlos und traditionell, alles mit dem gewissen Etwas. Massenware von der Stange gibt es hier nicht, sondern nur besondere Teile. Einiges mit viel Liebe selbst hergestellt von glücklich – aus Stoffen von lokalen Produzenten oder aus Italien und Deutschland. Ergänzt wird die Kollektion durch Designerstücke und Kreationen von jungen Kreativen – gefertigt von traditionellen Handwerksbetrieben aus den Alpen. „Wir wissen die kurzen Wege und die persönlichen Beziehungen zu schätzen und finden es gut, faire Preise dafür zu zahlen, um einen regionalen wirtschaftlichen Kreislauf zu fördern", sagen die Macher von glücklich. Das eigene Modelabel entstand als kleines Projekt mit dem Ziel, hochwertige Produkte zu kreieren. Regional und handwerklich. 2013 eröffnete der kleine Laden am Rathausplatz in Eppan an der Weinstraße. Das in Holz gerahmte Schaufenster und die alten Mauern unterstreichen das regionale Konzept und versprühen zudem einen besonderen Charme. Seit 2019 gibt es ein zweites Geschäft im Zentrum von Meran. glücklich ist keine große Marke, aber wer hier einkaufen geht, kann es mit gutem Gewissen tun. Und wir alle wissen: Einkaufen macht nur dann wirklich glücklich, wenn die Produktionsbedingungen und alles drum herum passen.

● glücklich in Eppan, Rathausplatz 11, I-39057 Eppan, Tel. +39 0471 97 49 89
www.gluecklich.it

Bruschette & Gelassenheit

35

Cobos Fischbänke in Bozen

Es ist Bella Italia mitten in Südtirol. Wenn man sich entscheiden müsste, an welchem Ort in Südtirol die typisch italienische Gelassenheit wohl am meisten spürbar ist, wären es wohl Cobos Fischbänke in Bozens Fußgängerzone.

In einer kleinen Gasse stehen unter freiem Himmel ein paar Tische, bunt zusammengewürfelte Stühle und knallige Sonnenschirme. Aus einem Kofferradio erklingt Musik und jeder ist gut drauf. In dem kleinen Straßencafé, der Freiluftkneipe oder der Bruschetteria – oder wie man die Fischbänke sonst nennen will – wird zu jedem Getränk und zu jedem Essen eine ordentliche Portion Lebensfreude mitgeliefert. Die Fischbänke in der Landeshauptstadt sind längst Kult. Hier gibt es kein Drinnen, nur ein Draußen. Serviert werden Aperitivi – Aperol Spritz (die Südtiroler nennen ihn Veneziano) oder Hugo und ein gutes Glas Wein. Zu essen gibt's die besten italienischen Bruschette. Gut, sie sind nicht gerade günstig, aber das Strandfeeling mitten in der Stadt macht die Preise wieder wett.

Überall sind hier Schilder mit Sprüchen, Lebensweisheiten und Ratschlägen zu lesen. „No Stress Zone" steht auf einem. Auf einem anderen „We are slow service". Und diese Tafeln sollte jeder Gast ernst nehmen. Wer zu Lebenskünstler, Künstler und Wirt Rino Zullo (auch Cobo genannt) geht, sollte Zeit mitbringen. Mal schnell einen Happen essen ist hier nicht. Wer rasch einen Platz findet, ist ein Glückspilz, denn die Plätze sind begehrt und auf Getränke und Essen muss jeder Gast etwas warten.

Der Gastgeber ist ein richtiges Original, der die mediterrane Gemütlichkeit lebt und damit seine Mitarbeiter und Gäste ansteckt. Hier ist jeder gut drauf. In der Wartezeit kann man dem bunten Treiben von Bozen zuzusehen und die wohl kleinste Toilette Bozens besuchen. Die steinernen Fischbänke in Bozen sind übrigens ein historischer Ort. Früher wurden hier Fische angeboten. Heute genießt man einfach Aperitif und Bruschetta. Ganz nach dem Motto eines Schildes, das hier noch hängt: „Unsere Bruschette enden immer mit einem Mhmm".

TIPP

Um sich einen Platz zu sichern, heißt es früh da sein – vor der Stoßzeit um zwölf Uhr mittags.

● Fischbänke Bozen, Dr.-Josef-Streiter-Gasse 28, I-39100 Bozen, Tel. +39 0471 97 17 14

HIER
COBO'S
FISCHBÄNKE
SUMMER IN THE CITY
BRUSCHETTE WEIN-GARTEN
WEIN GARTEN FISCHBÄNKE
NUR
HIER
ER SEITE
best BRUSCHETTA
FISCHBÄNKE
RELAX PLACE
NO STRESS ZONE
WINE AND FUN + LIVE
BRUSCHETTE
COBO FISCHBÄNKE
BRUSCHETTA
IST NUR AUF DIESER SEITE
WILLKOMMEN
THE SOUND OF COBO'S FISCHBÄNKE
BRUSCHETTE MMH!
LOCATION OOH!
RELAX AAH!
ENJOY YOURSELF

Wie aus dem Märchen

36 Seeschlössl am Montiggler See in Eppan

Dieses Fleckchen Erde ist wie ein verwunschener Ort. Ein lichter Platz am See, ganz viel Natur und mittendrin ein kleines schlossartiges Häuschen: das Seeschlössl. Ende des 19. Jahrhunderts baute Josef von Zastrow, ein deutscher Urlauber, das Häuschen hier auf 492 Metern Höhe am Westufer des Großen Montiggler Sees. Ihm gehörten damals auch der Ansitz Aichberg und beide Seen in Montiggl. Bestimmt war er genauso verliebt in diesen märchenhaften Platz am Seeufer wie die Besucher dieses Ortes heute. Bestimmt hat er hier viele glückliche Stunden am Ufer gesessen, aufs ruhige Wasser seines Sees blickend. Damals war das Seeschlössl ein beliebtes Bildmotiv und wurde häufig gemalt. Heute wird es gerne fotografiert.

Seit 1902 gehört das Seeschlössl der Gemeinde Eppan, die das Haus mit vielen Zinnen und Spitzbögen restaurierte. Es liegt direkt an einem schönen Wanderweg, der rund um den Montiggler See führt. Der Weg verläuft eben und ist kinderwagentauglich. Unterwegs gibt es immer wieder Aussichtspunkte und kleine Badeplätze, an denen sich im Sommer viele Wanderer abkühlen. Der Große und der Kleine Montiggler See gehören zu den beliebtesten Badeseen Südtirols. Beide verfügen über eine ausgezeichnete Wasserqualität und liegen, umgeben von Wald, mitten in einem Naturschutzgebiet.

TIPP

Jedes Jahr von Mitte Juni bis Anfang Juli findet am Seeschlössl das Eppan Humor Festival statt.

Die Wanderung um den Großen Montiggler See startet man am besten von einem der Parkplätze oberhalb des Sees. Hier sind die Parkgebühren erschwinglich und der See ist nur wenige Minuten entfernt. Der Umwelt zuliebe kann man das Auto aber auch einfach stehen lassen und im Sommer den See- und Wanderbus nach Montiggl und wieder zurück nehmen. Im Sommer sollte man am besten frühmorgens starten, nicht nur, weil der See in der heißen Jahreszeit sehr beliebt ist, sondern auch, weil die Luft dann noch so angenehm frisch ist. Am Morgen lässt sich die Natur in all ihrer Schönheit genießen. Nichts als das Flüstern der Bäume und das Zwitschern der Vögel. Und mit etwas Glück blühen gerade auch die Seerosen am Schlössl.

● Seeschlössl am Westufer des Großen Montiggler Sees, Montiggler Straße, I-39057 Eppan-Montiggl
Tourismusverein Eppan, Rathausplatz 1, I-39057 Eppan, Tel. +39 0471 66 22 06
www.eppan.com

HUMOR

Zero Waste macht froh

37 Plastikfrei kaufen im Novo bio & lose in Bozen

Novo ist mehr als nur ein plastikfreier Bio-Supermarkt. Novo bedeutet neu und steht für neue Wege, eine neue Lebensphilosophie und für eine bessere Zukunft. Mitten in der Hauptstadt Südtirols haben Maria Lobis und Stefan Zanotti 2017 den ersten plastikfreien Bio-Supermarkt eröffnet. 2020 folgte der zweite in Brixen. Heute stöbern Besucher durch 5000 biologische, nachhaltige und sofern möglich verpackungsfreie und lose Produkte. Hier gibt's keine bunten Verpackungen, die zum Kauf verleiten, keine grellen Plastikboxen, die verführerisch locken. Hier kaufen Mann und Frau das, was sie gerade brauchen, und eben, wie viel sie gerade brauchen. Aus den Glasbehältern an der Wand können sie sich in selbst mitgebrachten Vorratsgläsern oder in Papiertüten Getreidekörner, Hülsenfrüchte, Reis oder Müsli füllen. Dann abwiegen und fertig.

TIPP

Nachhaltige Kleidung und vieles mehr gibt's in der Bindergasse 1 in Bozen beim Kauri Store.

In den Regalen stehen Saucen, Suppen, Eingemachtes; es gibt Trockenfrüchte und Nüsse, Kaffee und Tee. Daneben Getränke, Obst und Gemüse, Naturkosmetik und Reinigungsmittel, Milchprodukte und Eier – einfach alles, was es in einem normalen Supermarkt auch gibt. Nur eben unverpackt. Und wenn es mal nicht ohne Verpackung geht, wird Plastik durch nachhaltigere oder recycelte Materialien ausgetauscht.

In einer Zeit, in der jedes Jahr etwa acht Millionen Tonnen Plastik in den Weltmeeren landen, stimmt es glücklich, dass es auch anders geht. Obwohl die Auswahl in den Novos groß ist, das Geschäft ist persönlich. Die kleinen Döschen und Schubladen, an denen man sich selbst bedienen kann, sorgen für wundervolle Tante-Emma-Gefühle. Novo ist Teil der europaweiten Zero-Waste-Bewegung. Hier trifft man sich zum Wocheneinkauf, aber auch zum Austausch und zum Immer-wieder-Dazulernen. Maria und Stefan beziehen ihre biologischen Produkte, so gut es geht, aus der Region, um lokale Unternehmen zu unterstützen und die Transportwege möglichst kurz zu halten. Mit ihrem Konzept machen sie jeden Tag ihre Kunden glücklich und die Welt ein bisschen besser.

- Novo bio & lose, Weggensteinstraße 14/B, I-39100 Bozen, Tel. +39 0471 181 50 09
- Novo bio & lose, Kreuzgasse 19, I-39042 Brixen, Tel. +39 0472 51 88 29

www.novo.bz

NÜSSE
NOCI
FLOCKEN
FIOCCHI
SAMEN
SEMI
ALLES BIO
MÜSLI

Stärkung für Langschläfer

38

Frühstücken im Rotentorhof in Kaltern

Ein Geheimtipp für alle Frühstück-Freaks, Brunch-Verehrer und Naturliebhaber. Mitten in den Apfelwiesen liegt der Rotentorhof. Er gehört zu den ältesten Bauernhöfen der Gegend. Heute wird er biologisch-dynamisch bewirtschaftet und so gehören neben nostalgischen Birnbäumen auch Apfel- und Weinfelder sowie kunterbunte Gemüsebeete zum Rotentorhof. Ebenso wie Kühe und Kälber, glückliche Hühner und Gänse. Eine wahre Naturidylle. Wer jetzt aber denkt, hier frühstückt man in einem typischen urtümlichen Bauernhaus, der irrt sich. Das Rotentorcafé wurde in einer alten Halle gebaut, die früher dazu diente, die Obsternte zu lagern. Diese wurde liebevoll renoviert und modern eingerichtet. Großzügige Fensterfronten ermöglichen den Blick in den Garten, an den Wänden hängen große Schwarz-Weiß-Fotos und überall gibt es kleine Details, die den Raum gemütlich machen.

Im Sommer finden Schleckermäulchen ihren Platz auch auf der gemütlichen Terrasse und im Garten unter Schatten spendenden knorrigen Birnbäumen. Bei Vogelgezwitscher und milder Sommerbrise ist der Tag im Rotentorhof fast wie ein Kurzurlaub. Die köstlichen Frühstücksvarianten à la carte serviert Cafébetreiberin Nadia Dezini an jedem Wochenende. Sie zaubert deftige und süße Teller, hausgemachte Croissants und Knuspermüsli. Sie kredenzt selbst gemachte Marmelade und selbst gebackene Brötchen frisch aus dem Ofen, homemade Porridge und Bio-Orangensaft … Einfach himmlisch.

Hier treffen sich Langschläfer und Spätaufsteher zum gemeinsamen Brunch, denn geöffnet wird erst um neun Uhr und Frühstück gibt's bis 14 Uhr. Perfekt für einen gemütlichen Start in den Tag. Und nach dem Frühstück darf und sollte man sich hier noch ein Dessert gönnen: An der Theke wartet eine kleine Auswahl an feinsten Törtchen und Cupcakes. Ein Traum aus Schokolade, Beeren und Co., gebacken von der Chefin höchstpersönlich. Denn Nadia ist auch Tortenkünstlerin, auf Bestellung kreiert sie Torten für besondere Anlässe.

TIPP

Das heiße Schoko-Porridge mit Nüssen und Birnen aus dem Garten und Nüssen ist der Hit.

● Rotentorhof, Kalterer Moos 13, I-39052 Kaltern, Tel. +39 331 577 63 77
www.rotentorhof.it

BAR

Im Frühstückshimmel

39

Brunchen im La Nonnaglück in Kaltern

Wer Frühstück liebt, ist hier im Frühstückshimmel. Im La Nonnaglück wird das ganze Glück auf einem Teller serviert. Das Nonnaglück ist ein Geheimtipp für alle, die den Tag gerne in Ruhe und mit einem ausgiebigen Brunch starten. Obwohl, so geheim ist der Tipp unter den Foodies dann doch nicht, schließlich spricht sich schnell rum, wo es gutes Frühstück gibt. Im Boutique-Café, das wörtlich übersetzt übrigens „Omaglück" heißt, gibt's kein 08/15-Frühstücksbuffet, sondern hier genießen Frühstücksliebhaber Frühstück à la carte oder auf Vorbestellung eine Brunch-Platte mit farbenprächtigen Köstlichkeiten. Frisch zubereitet mit natürlichen Zutaten aus der Umgebung. Entweder gemütlich auf der Terrasse unter großen Sonnenschirmen am plätschernden Brunnen oder drinnen unter antikem Gewölbe.

TIPP

Danach durch die Gassen von Kaltern bummeln oder einen Ausflug zum Kalterer See machen.

Auf einer reichlich gefüllten Brunch-Platte finden sich Beeren und Obst, hausgemachtes Knuspermüsli, einige Scheiben davon und hiervon und kleine Schälchen mit allerlei Leckerem dazwischen. Es gibt hausgemachten Kuchen, Torten und Tartes … Am Glas mit dem frisch gepressten Karotten-Orangen-Saft hängt ein Schildchen mit dem Spruch „Lächle, glücklich steht dir gut!". Und das muss man bei diesem bunten Teller und der aufmerksamen Bewirtung wahrlich. Gerda Gius und ihre Töchter Vera und Mara versüßen das Leben ihrer Gäste gerne mit überraschenden Kreationen aus dem geheimen Rezeptebuch von Oma.

Das La Nonnaglück befindet sich am Buolplatz in Kaltern. Ab zehn Uhr vormittags ist hier verkehrsberuhigte Zone. Man parkt also am besten am Parkplatz Weinterrasse, direkt an der Hauptstraße (Strada del Vino – Weinstraße) und spaziert dann die kleine Straße hoch zum gemütlichen Boutique-Café – wo alles, was schön ist, und alles, was zufrieden macht, an einem Ort vereint ist: Aperitivo-Bar, Brunch-Café und kleine Modeboutique. Übrigens: Es muss nicht immer ein ausgiebiges Frühstück sein. Auch Süßes zwischendurch geht immer. Ganz nach dem Motto vom Boutique-Café: „Wenn es dich glücklich macht, mach es öfter."

● La Nonnaglück, Buolplatz 4, I-39052 Kaltern am See, Tel. +39 0471 96 25 65
www.designhotel-kaltern.com/la-nonnaglueck

la nonnaglück

Die Glücksfabrik

40 Kleinkunsttheater Carambolage in Bozen

Auf der Bühne zu stehen und nicht zu wissen, was als Nächstes kommt, ist aufregend. Mindestens genauso aufregend ist es, im Publikum zu sitzen und gespannt auf die nächste Szene zu warten. Dieses Gefühl kennt jeder, der schon mal in einem Improtheater war. Siegen und Scheitern sind beim Improvisieren Sandkastenfreunde, wie die Gruppe der Bozner Kleinkunstszene passend sagt. Alles ist hier und jetzt, entsteht live und kann umschlagen wie das Wetter in den Bergen. Jede Szene entsteht spontan, jedes Wort ist improvisiert. Aber die Carambolage in Bozen ist nicht nur wegen des Improtheaters einen Besuch wert.
Das Kleinkunsttheater – gerne auch als Glücksfabrik bezeichnet – ist so vielfältig wie seine Künstler und Zuschauer. Mittlerweile finden pro Spielsaison um die 100 Veranstaltungen in der Carambolage statt: von Kabarett bis zu Konzerten, von Theateraufführungen bis zu Ausstellungen und Lesungen. Mit internationalen und einheimischen Künstlern. Sie alle brennen für die Momente, in denen das Publikum den Atem anhält oder dem ein oder anderen vor Lachen Tränen übers Gesicht kullern. Es sind diese Augenblicke, die bunten Auftritte in dieser besonderen Atmosphäre, die das Kleinkunsttheater so besonders machen. Und auch ein bisschen der Raum.
Die Akustik ist in diesem Gewölbe unvergleichlich. Man kann von Glück reden, dass die Gruppe der Bozner Kleinkunstszene hier im Kellergewölbe eines ehemaligen Eisenwarenlagers in der Bozner Altstadt 1996 ihren Spielort gefunden hat. Geht man die Treppenstufen hinunter, betritt man eine andere Welt, in der die Luft voller Spannung scheint. Während der Aufführungen sitzt man mit mehreren Leuten an runden Tischen, kann etwas trinken und einfach einen schönen Abend verbringen. Übrigens: Wer die Carambolage betritt, sollte die Augen offen halten. An der Wand im Eingangsbereich dürfen sich alle zwei Monate verschiedene Künstler austoben und den Bereich nach ihren Wünschen gestalten. Kunst im Kleinkunsttheater, die man auch kaufen kann.

TIPP
Unbedingt rechtzeitig Karten reservieren, denn die Plätze in der Glücksfabrik sind begehrt.

● Carambolage, Silbergasse 19, I-39100 Bozen, Tel. +39 0471 98 17 90
www.carambolage.org

alperia

Reise ins Mittelalter

41

Ritterabend auf der Haderburg in Salurn

Hoch oben auf einem Kalkfelsen thront sie über Salurn: die mittelalterliche Haderburg. Wer hierher kommt, der taucht tief in die Vergangenheit ein. Der schlüpft in die Rolle einstiger Rittersleut' und der speist im Rahmen eines ritterlichen Festmahls. Die Haderburg oder Schloss Salurn, wie die Burg zunächst genannt wurde, entstand in der ersten Hälfte des 13. Jahrhunderts durch die Grafen von Salurn. Mehrere Besitzerwechsel sowie Aus- und Umbauten später drohte die sagenhafte Haderburg im 17. Jahrhundert zu verfallen. Zum Glück ist sie das nicht, denn heute ist sie ein Must-Visit-Place in Südtirol und nur eine von unzähligen Burgen im ganzen Land. Über den Promenadenweg Weg der Visionen geht's 20 Minuten bergauf.

In der Ritterstube der Burgschenke Zum 18. Fass servieren Schankmaid und Schlosswirt in mittelalterlichen Gewändern traditionelle Ritteressen aus regionalen Produkten. Besucher tauchen leibhaftig in die Geschichte des Schlosses ein und können die mittelalterliche Atmosphäre hautnah erleben. Eine Führung mit mittelalterlichem Vier-Gänge-Menü gibt's allerdings nur bei Reservierung und ab acht Personen. Zu Beginn führt die Nachtwache durch die Burg und erklärt einiges über deren Geschichte und die Sage der 18 Fässer der Gebrüder Grimm. Anschließend probieren die Gäste im Rittersaal süßen Met aus dem Burgkeller, bevor das Festmahl serviert wird: Schmalzbrötchen, leckere Knödel in drei Varianten und dann eine deftige Grillplatte. Dazu trinkt man eine große Auswahl an verschiedenen Bieren. Und zum Abschluss gibt's typische Südtiroler Bauernkrapfen. Ordentlich Hunger mitbringen ist hier ein Muss.

Für Gruppen ab sechs Personen (unbedingt vorher anmelden) finden ganzjährig auch ohne Menü tolle Führungen in der Haderburg statt. Dabei erfährt man, wie es sich anfühlt, ein Schwert zu halten, einen Helm zu tragen oder wie viel ein Kettenhemd wiegt. Bei einer Tour kann man die Nachtwache auf dem Rundgang durch die Burg begleiten und den Beruf hautnah kennenlernen. Auf zur Reise in die Vergangenheit!

TIPP

Auf der Haderburg finden ständig Veranstaltungen statt, im Sommer die langen Freitage mit Livemusik.

● Haderburg, Trientstraße 53/C, I-39040 Salurn, Tel. +39 334 777 58 43
www.zum18tenfass.it

Wissen, Wein & Wandern

42 Verkostung im Castel Ringberg in Kaltern

Das Klima ist mild, die Hügel von der Sonne geküsst. Südtirols Süden ist ideal für das besondere Aroma der Trauben. Die mediterranen Tage und kühlen Nächte sorgen dafür, dass die Weine dieser Trauben auf der ganzen Welt bekannt und beliebt sind. Wie sie entstehen, kann man bei Elena Walch ganz nah am Geschehen miterleben. In der bedeutenden Einzellage des Weingutes Elena Walch, in der Vigna Castel Ringberg in Kaltern, finden in den Sommermonaten wöchentlich Weinbergführungen statt. „Vigna" ist eine bedeutende Lagenbezeichnung, die nur historisch beziehungsweise kartografisch eingetragene Weinberge erhalten. Bei den Führungen spazieren Weinliebhaber gemeinsam mit dem Sommelier des Hauses durch die umliegenden Weinterrassen, die mit rund 20 Hektar das größte Gut von Elena Walch bilden und wohl auch Südtirols größtes zusammenhängendes Weingut sind. Man erfährt dabei Interessantes über die mehrfach prämierten Weine, das nachhaltige Arbeiten im Weinberg und die Terroir-Philosophie der Familie Walch.

TIPP

Wer den Stammsitz von Elena Walch kennenlernen möchte, geht ins Gartenbistro Le verre capricieux.

Zum Abschluss findet auf der Panoramaterrasse des Renaissance-Schlösschens – mit wunderbarem Blick auf den Kalterer See – eine Verkostung statt. Wer möchte, kann auf der Terrasse der Gutsschenke auch eine Variation von Südtiroler Käse und Speck zum Wein genießen. Die gesamte Weinbergbegehung mit Verkostung dauert rund zwei Stunden. Dabei lernt man unter anderem auch, wie Verkosten richtig geht. Die Beurteilung eines Weines beginnt nämlich nicht etwa mit dem ersten Schluck, sondern schon vorher. Anfangs wird der Wein im Glas geschwenkt. Je mehr sogenannte Tränen die Glaswand hinunterlaufen, desto gehaltvoller ist der edle Tropfen. Danach beurteilt man Farbton und Farbintensität und schließlich den Duft. Riecht der Wein blumig oder fruchtig, nach Heu oder Wald, nach Gewürzen oder Karamell? Ja, Wein hat ein breites Spektrum an Aromen zu bieten. Vor und beim Verkosten kommen alle Sinne zum Einsatz – ein Erlebnis, das man sich mit den besten Weinen Südtirols nicht entgehen lassen sollte.

● Castel Ringberg, Weingut Elena Walch, Weinstraße 1,
I-39052 Kaltern-St. Josef am See, Tel. +39 0471 96 00 10
www.castelringberg.com, www.elenawalch.com

Mystischer Kraftplatz

43 Stoanerne Mandln im Sarntal

Ein geheimnisvoller Zauber umhüllt die sagenumwobenen Stoanernen Mandln. Sie sind ein Ort, an dem die Energien längst vergangener Zeiten spürbar sind. Je nachdem, wie die Sonne einfällt, verwandelt sich dieser Platz in einen noch magischeren Ort, als er es ohnehin schon ist. Aber auch bei trübem Herbstwetter lohnt sich ein Anstieg zu den Steinmännern. Wenn sich die Nebelschwaden um die Gebilde winden, herrscht hier eine wahrhaft zauberhafte Stimmung.
Die Stoanernen Mandln liegen auf 2003 Metern, hoch oben über Sarnthein, und bilden einen der schönsten Aussichtspunkte der Sarntaler Alpen. Von hier eröffnet sich Besuchern ein Blick über die gesamten Dolomiten bis hin zur Marmolata und König Ortler. Über 100 „Mandln" (so werden Männchen im Südtiroler Dialekt genannt) aus Stein reihen sich starr aneinander wie Soldaten, die über diesen Kultplatz auf der Hohen Reisch wachen. Manche bestehen aus nur drei bis vier Steinen, manche sind mannshoch. Mittendrin thront das Gipfelkreuz des Schönecks.
Warum diese Steintürme entstanden sind, weiß niemand so genau. Ebenso wenig, welche Bedeutung sie einst hatten. Manche vermuten, sie dienten als Wegweiser, andere munkeln, Hirten hätten sie aufgeschichtet. Laut einer Gerichtsschrift des Hexenprozesses der Sarntaler Hexe „Pachler Zottl" aus dem Jahre 1540 sollen an diesem sagenumwobenen Ort vor knapp 500 Jahren Hexentänze und Teufelsfeiern zelebriert worden sein. Uralte Gravuren in den Felsen und Feuersteingeräte deuten sogar darauf hin, dass hier vor Jahrtausenden ein keltischer Kultplatz war. Heute ist der Ort jedenfalls ein beliebtes Ausflugsziel für Wanderer: im Frühjahr, wenn die Krokusse die Wiesen in eine blühende Decke hüllen, und im Herbst, wenn die Lärchen die Saltenwiesen in ein orange leuchtendes Kleid hüllen. Erreichbar sind die Stoanernen Mandln über mehrere Ortschaften. Vom Berggasthof Sarner Skihütte in Sarnthein führt ein einfacher Anstieg zur Auener Alm, zum Auener Jöchl und von dort weiter bis zu den Steinmännchen.

TIPP

Im Winter führen schöne Skitouren und Schneeschuhwanderungen auf das Schöneck.

● Stoanerne Mandln im Sarntal, vom Parkplatz am Berggasthof Sarner Skihütte, I-39058 Sarnthein
Touristinfo, Kirchplatz 9, I-39058 Sarnthein, Tel. +39 0471 62 30 91
www.sarntal.com

Pizza, Pizza, Pizza

44

In der Pizzeria Pizzerita in Deutschnofen

Es ist nicht so einfach, aus den vielen unglaublich leckeren Pizzerien in Südtirol eine rauszupicken, denn Pizza machen können sie eben, die Südtiroler. Aber die Pizzeria Pizzerita im Eggental ist eine, die es sich verdient hat, sie hervorzuheben. Sie gilt als die beste Pizzeria im Eggental. Knuspriger Boden, aromatische Tomatensauce, zart schmelzender Käse und dann noch frisch belegt mit den Lieblingszutaten … Diese Pizza ist so, wie eine italienische Pizza sein muss.

Seit 2009 betreibt Familie Simmerle die Pizzeria Pizzerita auf dem Sportplatz in Eggen. Mama Rita macht den Teig und belegt die Pizzas, Papa Robert ist der Chef am Holzofen und die Töchter Edith und Carmen bringen sie ihren Gästen gut gelaunt ofenfrisch an den Tisch. Rita hatte als Bäckerstochter schon immer den Wunsch, irgendwann eine eigene Pizzeria zu besitzen. Mit 50 Jahren hat sie sich getraut und den Schritt in die Selbstständigkeit gewagt. Gelernte Pizzaiola ist sie nicht, aber das Pizzamachen liegt ihr wohl im Blut. Als ihre Kinder noch klein waren, hat sie zu Hause regelmäßig Pizza gezaubert und Dinkelbrot gebacken. Alles Weitere brachte ihr ihre Vorgängerin bei und sie sich selbst – Learning by Doing.

TIPP

Im Sommer unbedingt auf der Terrasse essen, da scheint abends noch lange die Sonne.

Heute können Gäste auf vier Seiten aus Ritas Kreationen auswählen und beim Belegen kann man Rita sogar über die Schulter schauen. Die Pizzen werden dann im Holzofen am offenen Feuer gebacken. Der absolute Renner ist der gesündere Dinkel-Hanf-Teig. Bisher gibt es ihn nur Freitag bis Sonntag, aber er kommt so gut an, dass Familie Simmerle überlegt, ihn jeden Tag auf die Karte zu setzen. In der Pizzeria gibt es Pizzen für Vegetarier, die Klassiker und Pizzen wie die „Pizza Chef" mit gaaanz viel Belag.

Für alle, die einen Pizzaliebhaber begleiten, selbst aber lieber etwas anderes essen, gibt es auch eine kleine Auswahl an Salaten und ein bis zwei Nudelgerichte. Und wenn dann noch was reinpasst, kann man sich zum krönenden Abschluss eine Calzone mit Schokocreme und Banane gönnen. Mahlzeit!

● Pizzeria Pizzerita, Eggen Dorf 72, I-39050 Deutschnofen, Tel. +39 334 999 10 72

Vergnügliche Gleitzeit

45 Eislaufen auf dem Natureisplatz Völser Weiher

Glückstrahlend übers Eis schweben, am Fuße des imposanten Schlernmassivs mit der Santnerspitze. Alles, was man beim Eislaufen auf dem Völser Weiher hört, ist das fröhliche Lachen der Kinder, die ihre Pirouetten drehen oder sich eine Schneeballschlacht liefern. Ansonsten nur die Stille der Natur.

Wer hat es als Kind nicht geliebt, mit den Schlittschuhen an den Füßen übers Eis zu cruisen? Diese Momente waren einzigartig und unvergesslich. Gerade deswegen sollte man sich dieses Winterhighlight nicht entgehen lassen. Und wo ginge das besser, als auf einem zugefrorenen Natursee? Einfach unter freiem Himmel und dann noch mit dem wildromantischen Schlern im Hintergrund, der als eines der Wahrzeichen Südtirols gilt. Der Völser Weiher ist einer der wenigen Seen, der für Schlittschuhläufer freigeräumt wird, wenn der erste Schnee fällt. Er liegt auf 1036 Metern und ist im Sommer ein beliebter Badesee. Im Winter verwandelt er sich jedes Jahr in einen Natureislaufplatz unter freiem Himmel, in einen Treffpunkt am Waldesrand für große und kleine Eisläufer. Auch wenn die Wintersportart auf Kufen vor allem bei den Kleinen gut ankommt, kommen am Völser Weiher auch die Erwachsenen voll auf ihre Kosten.

TIPP

Auch im Sommer ein Highlight. Dann kann man im idyllischen Weiher schwimmen und um den See spazieren.

Der See liegt etwas abseits, umgeben von der Naturidylle des Naturparks Schlern-Rosengarten, die man so schnell nicht vergisst. Die Schlittschuhe kann man in der „Schwimmhütt" direkt am Weiher ausleihen. An manchen Tagen ist sie abends geöffnet, dann kann man Eislaufen bei Vollmond und sich in der Bar bei einem heißen Glühwein oder einer schmackhaften Gulaschsuppe aufwärmen.

Wer sich ans Schlittschuhlaufen heranwagt, sollte das Gleiten übers Eis stets seinem Können anpassen, das heißt bremsbereit fahren und Kopf und Hände durch Helm und robuste Handschuhe (am besten sogar mit Handgelenkprotektoren) schützen. Also rein in den Kuschelpulli, warme Skisocken anziehen und raus in die Natur. Spätestens nach den ersten Proberunden auf dem Eis kommen wahre Freudengefühle auf.

● Schwimmhütt', Weiherstraße 29, I-39050 Völs am Schlern, Tel. +39 335 45 07 99

Weihnachtsmarkt mal anders

46 Die Mittelalterliche Weihnacht in Klausen

Hier gibt's keinen Weihnachtskitsch oder Weihnachtsohrwürmer, keinen Stress und keine Hektik. Vielmehr eine Zeitreise in die Vergangenheit mit stimmungsvollen Augenblicken. Südtirol ist bekannt für seine berühmten Weihnachtsmärkte. So bekannt, dass sie jährlich zahlreiche Besucher anlocken. Ganz besinnlich geht's also nicht her, auf den Christkindlmärkten. Trotzdem gehören sie zu Weihnachten in Südtirol wie der Speck zur Marende. Die Klausner Weihnacht ist einer dieser Märkte, und zwar ein ganz besonderer.

In der romantischen Altstadt des Künstlerstädtchens Klausen im Eisacktal steht an den Wochenenden vor Weihnachten alles im Zeichen des Mittelalters. Nachtwächter flanieren durch die Straßen und erzählen Geschichten. Gaukler, Ritter und Feuerspeier sorgen für staunende Blicke und durch die Gassen tönt mittelalterliche Musik. Straßenbeleuchtung gibt's während des Weihnachtsmarktes nicht, stattdessen scheinen die alten Gemäuer des Städtchens in Kerzenschein, flackernden Fackeln und Laternen. Es herrscht eine ganz besondere Atmosphäre. In kleinen mit Tannenzweigen geschmückten Essensständen und in gemütlichen Kellern servieren die Klausner selbst gebackene Krapfen, süße Waffeln und gebratene Kastanien, mit Gerichten vom heimischen Wild und vielen weiteren Leckereien. Und natürlich gibt's herrlich duftenden Glühwein und Apfelglühmix. Einige Verkäufer in historischen Kleidern bieten an ihren Ständen handgefertigte Weihnachtsgeschenke, wie Holzschüsseln, Handgeschnitztes und ganz viel Tradition. Auch die mittelalterliche Handwerkskunst kann man hier hautnah betrachten zwischen Schmieden und Bogenbauern, Drechslern und Wolle spinnenden Damen. Oder wie wäre es mit einer romantischen Kutschenfahrt?

Auch abseits der mittelalterlichen Weihnacht gibt's in Klausen mittelalterlichen Charakter – schmale Gassen, Brunnen, Häuser mit Erkern, Wappenbilder und antike Wirthausschilder prägen das Stadtbild. Zu Recht wurde das Städtchen zu einer der schönsten Altstädte Italiens gekürt.

TIPP

Am ersten Samstag des Weihnachtsmarktes findet der sehenswerte mittelalterliche Umzug statt.

● Weihnachtsmarkt Klausen, Marktplatz und Gassen, I-39043 Klausen
Infobüro Klausen, Marktplatz 1, I-39043 Klausen, Tel. +39 0472 64 74 24
www.klausen.it

Naturbelassen speisen

47

Essen im Alten Schlachthof in Brixen

Das Essen wird im Alten Schlachthof (fast) zur Nebensache. Denn das Ambiente hat hier wirklich einen Wow-Faktor. Im ehemaligen Schlachthof in Brixen hat man mit viel Geschick ein modernes Restaurant geschaffen: Steinboden, hohe Gewölbedecken, überdimensionale Fenster. Und auf der Terrasse elegante weiße Drahtstühle unter einer langen Lichterkette. Drinnen kann man direkt an der Theke sitzen und den jungen Barkeepern beim Mixen der Cocktails zusehen oder sich das handwerklich gebraute Bier zapfen lassen, das im „Putzer", dem Partnerbetrieb vom Alten Schlachthof, gebraut wird. Vier Unternehmen haben sich 2021 zusammengetan, um gemeinsam regionales Bier zu brauen, mit kurzen Wegen und hoher Qualität. Und man genießt hier das gute Essen. Verarbeitet werden im Alten Schlachthof so viel wie möglich frische, regionale Produkte. Dank der verglasten Küche kann man dem Küchenteam jederzeit über die Schulter schauen. Chefin Lissi, die nebenbei noch Ernährungscoach ist, hat sich ein kleines Netzwerk aus Südtiroler Bauern, Winzern, Fleischproduzenten und anderen Lieferanten aufgebaut, denen dieselben Grundsätze am Herzen liegen wie ihr: höchste Qualität, Transparenz und Rückverfolgbarkeit. Aber auch nachhaltige, umweltfreundliche Produktion, verantwortungsvolle Landwirtschaft und Fischerei oder artgerechte Tierhaltung. Die Speisen im Restaurant sind zuckerreduziert, mit gesunden Kohlenhydraten, vegetarisch, vegan und ohne unnötige Zusatzstoffe. Ganz naturbelassen eben. Im Sommer gibt es Eis von der lokalen Manufaktur Hiesig. Lecker.
Wem es im Alten Schlachthof so gut gefällt, dass er gar nicht mehr wegmöchte, kann hier sogar übernachten. In kleinen Mansardenzimmern mit Schlafkojen unterm Dach. Die schlichten, aber modernen Zimmer fügen sich gekonnt in die Dachschräge ein und versprechen eine ganz neue Art der Übernachtung. Wobei neu vielleicht nicht der richtige Ausdruck ist, sondern eher ursprünglich. 2017 hat das Restaurant und Bed & Breakfast übrigens den internationalen Architekturpreis gewonnen.

TIPP

Im Alten Schlachthof finden auch Events statt: von Frühschoppen bis Flohmarkt und Sommerkonzerten.

● Alter Schlachthof, Schlachthausgasse 4, I-39042 Brixen, Tel. +39 327 362 16 14
www.schlachthof.it

KITCHEN

Brennende Dolomiten

48

Burning Dolomites von der Sëurasas Hütte aus

Ein Sprichwort besagt: „Wer die Geschenke der Natur zu entdecken versteht, ist dem Glück auf der Spur". Und wer einmal die Dolomiten „brennen" sehen hat, der weiß, wie viel Wahrheit in diesem Satz steckt. Wenn es Herbst wird in den Dolomiten, dann schmücken sich nicht nur die Nadeln der Lärchen mit einem leuchtenden Gelb-Orange, auch die bleichen Berge verwandeln sich in ein ganz besonderes Naturschauspiel. Kurz vor Sonnenuntergang fangen sie an zu glühen. Enrosadira nennt man dieses Phänomen oder Burning Dolomites – brennende Dolomiten. Die tief stehende Sonne im September färbt die Felswände feurig rot, violett und orange und lässt die Kanten, Spitzen und Türme an manchen Abenden fast unwirklich erscheinen. Genau jetzt ist der Zeitpunkt ideal, um dem sagenumwobenen UNESCO-Welterbe einen Besuch abzustatten. Dann ist es ruhiger in den Bergen und Wanderer können die Schönheit der Dolomiten fernab der breiten Masse erleben. Zudem ist der Himmel im Herbst so klar wie nie und man wird abends mit malerischen Bergmomenten bei kristallklaren Weitblicken belohnt.

TIPP

Vom 20 Minuten entfernten Pic-Berg genießt man einen fantastischen 360-Grad-Blick.

Ab der zweiten Septemberwoche finden von St. Christina im Grödnertal aus wöchentlich geführte Wanderungen statt, um die Burning Dolomites zu erleben. Bis Anfang November marschieren alle, die sich angemeldet haben, gemeinsam mit einem geprüften einheimischen Wanderführer zum Aussichtspunkt Sëurasas auf 2020 Metern und zur gleichnamigen Hütte oder Utia, wie die Grödner sagen. Etwa eineinhalb Stunden dauert der Anstieg. Eine Stirnlampe wird ausgeliehen und in der Hütte erwarten die Besucher Aperitif mit Häppchen. Oben angekommen, sitzt man gemütlich auf der Terrasse oder genießt den Anblick der brennenden Dolomiten vom Liegestuhl aus. Die Sëurasas Hütte, was übrigens Ladinisch ist und „über dem Stein" bedeutet, ist eine charmante Hütte mit viel Liebe zum Detail. Familie Runggaldier serviert hier Südtiroler Spezialitäten wie hausgemachten Apfelstrudel mit Vanillesauce, der bei dieser fabelhaften Aussicht natürlich noch besser schmeckt.

● Sëurasas Hütte, Fam. Runggaldier, Mastlestraße 103,
I-39047 St. Christina in Gröden, Tel. +39 339 706 90 18, www.seurasas.it
Tourismusverein St. Christina, Chemun 9, I-39047 St. Christina in Gröden,
Tel. +39 0471 77 78 00
www.valgardena.it/de/urlaub-dolomiten/dolomites-experiences

Röstfrisch & belebend

49 Ein Besuch im Coffeeseum Caroma in Völs

Kaffee macht glücklich. Wirklich. Das Koffein im Kaffee führt nämlich zur Ausschüttung des Glückshormons Dopamin, ja, Kaffeetrinken soll sogar Depressionen vorbeugen – glaubt der eine oder andere. Das erklärt vielleicht auch, warum der Wachmacher so beliebt ist und allein schon der Duft von gerösteten Bohnen bei manch einem Vorfreude auslöst.

Ein Schlaraffenland für alle Kaffeeliebhaber ist das Coffeeseum Caroma in Völs. In dem Kaffeeladen befinden sich auf über 800 Quadratmetern feinste Kaffeespezialitäten und hier hängt eine beachtliche Sammlung alter Kaffeemühlen und nostalgischer Kaffeedosen an den Wänden. Ein Kaffeearomarad stellt den Geschmackskosmos des Kaffees dar: von nussigen, an Nadelholz erinnernden Brasilianern hin zu fruchtigen Noten und dem untrinkbaren „harten" Petrol-Kaffee. Hier tauchen Kaffeeliebhaber in die Welt des Kaffees ein und begeben sich auf eine Reise von der Kaffeekirsche bis zum schwarzen Glück in der Kaffeetasse. Und es gibt einen echten Kaffeegarten.

Das Coffeeseum ist der ganze Stolz von Betriebsinhaber Valentin Hofer. Er ist Italiens erster Röstmeister, der das Diplom „Kaffee-Experte" (Qualified Coffee Expert) und „Chef-Diplom-Kaffeesommelier" (Chief Coffee Sommelier) erhalten hat. Seit der Gründung seiner Kaffeerösterei Caroma 1995 unterstützt er zudem ökologische und gerechte Wirtschaftskreisläufe sowie verschiedene Projektarbeiten. Heute ist sein Kaffee weit über die Grenzen Südtirols hinaus bekannt. Seit 2018 gibt es im Kaffeeladen eine Schaurösterei und eben das Coffeeseum, deren Kaffeemühlen Valentin übrigens alle selbst gekauft, im Internet ersteigert oder geschenkt bekommen hat.

Von einer Empore können Besucher dem Röstmeister bei der Arbeit an der hochmodernen Trommelröstmaschine über die Schulter schauen und miterleben, wie die sortenreinen Gourmetkaffees entstehen. Diese schmecken besonders gut – frisch gemahlen – als Filterkaffee oder mit der French Press zubereitet. Einfach herrlich!

TIPP

Nach dem Besuch lohnt sich ein Ausflug zum kleinen St. Konstantin Kirchlein, eines der beliebtesten Fotomotive der Seiser Alm.

● Caroma, Handwerkerzone 92, I-39050 Völs am Schlern, Tel. +39 0471 72 56 51
www.caroma.info

Kaffee
Kaffee
Kaffee
Koffie
Koffie
KAFFEE
CAFÉ
Kaffee

Schlemmerglück im Herbst

50 Törggelen am Loatererhof in Feldthurns

Eines vorab: Törggelen ist nichts für jemanden, der gerade auf Diät ist. Es wird geschlemmt. Und zwar ordentlich. Wen nach dem Törggelen nicht die Hose zwickt, der war wohl im falschen Lokal. Das Törggelen blickt auf eine lange Tradition zurück. Schon früher trafen sich die Bauern und Weinhändler nach dem Weinpressen im Herbst, um den neuen Wein, den „Nuien", und den nicht vergorenen Traubensaft, den „Suser", zu verkosten. Heute ist das Törggelen fixer Bestandteil der Südtiroler Kultur, vor allem im Eisacktal, der Ursprungsregion des Törggelens. Ein Geheimtipp für einen gelungenen Törggeleabend ist der Loatererhof im Kastaniendorf Feldthurns.

Auf dem Hof, wo sich einst der Tiroler Freiheitskämpfer Peter Mayr versteckte, werden von Anfang Oktober bis Ende November hausgemachte Spezialitäten aufgetischt. Man kann in der gemütlichen Bauernstube oder in der beheizten Holzhütte im Garten speisen. Letzteres empfiehlt sich vor allem für Gruppen, die lieber für sich sind. Jungbauer Klaus Kritzinger serviert in typischer Südtiroler Gelassenheit Gerstensuppe, Schlutzkrapfen (die besten weit und breit) und Knödel. Zum Hauptgang gibt es eine üppige Schlachtplatte mit Hauswurst (unbedingt die scharfe Hauswurst probieren!) mit „Rippelen", „Surfleisch", „G'selchtem" und Sauerkraut. Und natürlich die fürs Eisacktal typischen „Erdäpfelplattlan", die man mit Sauerkraut belegt isst. Und Wein. Zum Nachtisch gibt's – sofern noch etwas reinpasst – süße Krapfen und „Keschtn" – gebratene Kastanien. Die werden beim Loaterer draußen in einem speziellen Kastanienbratgerät geröstet, das Klaus selbst entwickelt hat.

Familie Kritzinger vom Loatererhof schafft es, dass man sich nicht als Gast, sondern eher als Freund fühlt, der zum Essen eingeladen wurde. Und dabei ist es längst nicht nur das leckere Essen und Trinken, was den Törggeleabend so beliebt macht. Es ist der gemütliche Abend mit seinen Freunden, das gemeinsame Lachen und Genießen in geselliger Runde.

TIPP

Unbedingt vorab reservieren, denn in der Törggelezeit sind die wenigen Plätze begehrt.

● Loatererhof, Peter-Mayr-Weg 3, I-39040 Feldthurns-Tschiffnon, Tel. +39 0472 85 55 05

Einmal Bergsommerkino

51 Sonnenaufgang auf dem Gabler bei Brixen

Wer wissen will, wie sich pures Glück anfühlt, muss einmal auf einem Berggipfel stehen, wenn die ersten Sonnenstrahlen den taunassen Morgen berühren – ein Moment von goldenem Himmel und bauschigen Wattewolken. Auf dem Gabler in Brixen erlebt man viele solche Sonnenaufgänge. Wer das unvergessliche Erlebnis nicht verpassen möchte, muss früh aus den Federn. In sternenklarer Nacht wird in Skihütte, einer Ortschaft auf dem hinteren Ploseberg, gestartet. Dort ist direkt an der Hauptstraße ein kostenloser Parkplatz. In rund zweieinhalb Stunden Gehzeit erreicht man den Gipfel. Besonders schön ist die Wanderung zur Alpenrosenblüte Ende Juni bis Anfang Juli. Oder im Herbst bei goldener Lichtstimmung und klaren Weitblicken. Wenn die Sonne hinter den Gipfeln hervorlugt und die Umgebung in einen Feuerschein hüllt, eröffnet sich langsam die unbeschreibliche Aussicht auf die Aferer und Villnösser Geisler und den Peitlerkofel. In diesem Augenblick scheint das Glück zum Greifen nah. Ein unvergessliches Naturspektakel und ganz großes Kino für die Seele.

Wer für den Bilderbuchsonnenaufgang nicht ganz so weit wandern möchte, hat im Hochsommer die Möglichkeit, mit der Bahn ein Stück hochzufahren. Von Mitte Juli bis Ende August startet die Pfannspitz-Kabinenbahn von Skihütte jeden Freitag eine Stunde vor Sonnenaufgang (etwa zwischen 4.25 Uhr und 5.20 Uhr). Damit fahren Frühaufsteher hoch bis zur Bergstation auf 2450 Metern und gehen von dort über den Weg 7 in nur 45 Minuten zum Gabler, der unter den Brixnern übrigens zurecht als der schönste Aussichtspunkt auf das UNESCO-Welterbe Dolomiten gilt. Die Wanderung zum Gipfel ist auch als geführte Wanderung buchbar. Im Rahmen solcher geführten Wanderungen im Sommer, wenn die Bahn in Betrieb ist, bieten die Rossalm, die Pfannspitzhütte und das Berghotel Schlemmer ein Gipfelstürmerfrühstück an (unbedingt vorab reservieren!). Den Rückweg kann man dann ebenfalls mit der Kabinenbahn oder aber zu Fuß antreten. Im Winter ist der Sonnenaufgang am Gabler mit Schneeschuhen oder Tourenski erlebbar.

TIPP

Für die Sonnenaufgangstour unbedingt Stirnlampe, gute Schuhe und warme, wetterfeste Kleidung einpacken.

● Gabler bei Brixen, Ausgangspunkt Talstation Pfannspitz-Kabinenbahn in Skihütte (ab Palmschoß noch 3 km), I-39042 Brixen
Brixen Tourismus Genossenschaft, Regensburger Allee 9, I-39042 Brixen, Tel. +39 0472 27 52 52, www.plose.org

Göttliche Aussichten

52 Pilgerstätte Latzfonser Kreuz im Sarntal

Wer auf die Südtiroler Berge steigt, der weiß: Ziel ist nicht immer ein Gipfelkreuz. Manchmal ist das Ziel auch einfach ein atemberaubender Bergkamm oder eben eine kleine Wallfahrtskirche. Südtirol ist bekannt für seine zahlreichen Kirchen und Kapellen. Die neugotische Wallfahrtskirche Latzfonser Kreuz thront auf 2296 Metern und gilt damit als höchstgelegene Wallfahrtskirche Europas. Das Kirchlein blickt stolz über die imposanten Berggipfel der Dolomiten, über die Geislerspitzen, die Sellagruppe und das Langkofelmassiv. Wanderern und Bittgängern eröffnet sich oben angekommen ein einmaliger Ausblick. Der Anstieg lohnt sich also. Versprochen.

Im Jahre 1700 wurde auf dem Übergang vom Eisacktal ins Durnholzer Tal das Kruzifix des Schwarzen Herrgotts, eine bemalte Holzskulptur, zur Abwendung von Unwettern aufgestellt. Bald lockte es immer mehr Pilger an, weshalb dem Kreuz 40 Jahre später ein kleines Kirchlein zum Schutz erbaut wurde. Wieder 100 Jahre später entstand die berühmte Wallfahrtskirche.

TIPP

Der kürzeste Weg zum Latzfonser Kreuz ist eine gemütliche Wanderung vom Parkplatz Kaseregg.

Jedes Jahr im Juni wird beim sogenannten Gerichtsumgang der Schwarze Herrgott von der Dorfkirche in Latzfons für den Sommer über in die Wallfahrtskirche gebracht. Von Juli bis September und in den ersten zwei Oktoberwochen erklingen jeden Sonntag die drei kleinen Glocken der Kirche zur heiligen Messe. Und auch Wallfahrten finden in diesen Monaten statt. Dann pilgern zahlreiche Betende von der Saltnerhütte über den Kreuzweg mit 14 Stationen bis zum Latzfonserkreuz-Kirchlein.

Das Latzfonser Kreuz ist aber nicht nur für Gläubige, sondern einfach für alle Bergliebhaber ein Glücksziel. Auch die berühmte Sarntaler Hufeisentour führt hier vorbei, ein siebentägiger Höhen- und Weitwanderweg durch die Sarntaler Alpen. Direkt am Kirchlein befindet sich eine kleine Schutzhütte, in der man von Anfang Juni bis Ende Oktober auch übernachten kann. Bergwanderer und Mountainbiker können von der Schutzhütte schöne Touren starten und mehrere Gipfel besteigen.

Schutzhaus Latzfonser Kreuz, I-39043 Latzfons/Sarntal, Tel. +39 0472 54 50 17
www.latzfonserkreuz.com

Schafe & Hauben

53 Gourmetrestaurant Pitzock in Villnöss

Im Pitzock kommt das Glück mit dem Genießen. Von außen ist das Lokal eher unscheinbar. Aber wie sagt man so schön: Die inneren Werte zählen. Und die sind im Pitzock bombastisch. Das muss man einfach mal so sagen. Oskar Messner hat zusammen mit seiner Frau Ingrid aus einer alten Dorfkneipe in Pizack ein kleines gemütliches Restaurant gemacht. Schlicht und modern. Mit einer Täfelung aus Lärchenholz, Holzstühlen mit Lodenbezügen und mit orange-schwarzen Glasakzenten. Auf den Tellern: Spitzenküche. Die zwei Hauben im Gault-Millau-Restaurantführer sind wirklich hochverdient.

Da wären die Suppenkreationen, die trotz oder gerade wegen ihrer Einfachheit vorzüglich schmecken, die Lammstelze, die einem auf der Zunge zergeht, die Tagliatelle mit zartem Lammragout … Und das Beste: Wer am liebsten alle Gerichte probieren möchte, bestellt „Kosterlen" – einen Mix aus einigen Speisen. Küchenchef Oskar brennt für seine Gerichte. Für seine neuen und gewagten Kombinationen, die er in seinem Slow-Food-Restaurant mit alten traditionellen Rezepten zusammenfügt.

Dabei ist es nicht nur das Essen, was einem im Pitzock ein Lächeln ins Gesicht zaubert, sondern auch die Tatsache, dass Oskar mit seinem Projekt Furchetta gegen den Lebensmittelimport und für mehr Regionalität kämpft. In seinem Lokal verwendet Oskar, so gut es geht, Produkte aus dem Villnösser Tal. Am liebsten solche mit null Kilometern auf dem Buckel. Was andere häufig nur so dahinsagen, lebt er voll und ganz: Die Kräuter pflückt er im eigenen Kräutergarten, das Gemüse bezieht er von Bauern in der Umgebung, die Eier auch und das Fleisch sowieso. Das kommt vom Villnösser Brillenschaf, Südtirols ältester Schafrasse, die man an den schwarzen Zeichnungen um die Augen und den schwarzen Ohren erkennt und die es heute vielleicht gar nicht mehr geben würde, wenn Oskar nicht wäre. Mit seiner Marke Villnösser Brillenschaf sorgt er dafür, dass Traditionen erhalten bleiben, und stärkt die lokalen Kreisläufe. Und das nicht nur in der Küche.

TIPP

Früh genug einen Tisch reservieren und genug Zeit zum Erkunden des Dolomitentals Villnöss einplanen.

● Pitzock, Pizack 30, I-39040 Villnöss, Tel. +39 0472 84 01 27
www.pitzock.com

Berühmter Fotospot

54 Aussichtspunkt auf der Seceda in Gröden

Wer kennt es nicht, das berühmte Panoramafoto der Seceda und der Geislergruppe? Die schroffen Felsen der Fermedatürme, die erhaben in den Himmel ragen – auf einer Seite mit Gras bewachsen und auf der anderen steil abfallend. Ein atemberaubender Anblick. Nachdem ein weltbekannter Medienkonzern auf einer Veranstaltung 2017 dieses Foto als Hintergrund für eine neue Produktpräsentation zeigte, ging es um die Welt. Seitdem ist die Seceda ein beliebtes Ausflugsziel und eines der begehrtesten Fotomotive in den sozialen Medien.

Die Seceda-Alm liegt mitten im Naturpark Puez-Geisler und ist Teil des UNESCO-Welterbes Dolomiten. Sie ist der Spot für alle, die Berge lieben und denen Menschenansammlungen nichts ausmachen. Der Aussichtspunkt ist nämlich beliebt, aber ein Ausflug lohnt sich.

TIPP

Am wenigsten los ist ab Mitte September und Anfang bis Mitte Juni, wenn die Seilbahnen öffnen.

Die Almwiesenwanderung auf der Seceda ist einfach und auch mit Kindern machbar, andere Wanderungen und Klettersteige sind anspruchsvoller und nur für geübte Bergmenschen geeignet. Auf die Seceda führen mehrere Wege. Entweder man fährt gemütlich mit der Seceda-Seilbahn von St. Ulrich in Gröden hoch zur Bergstation auf 2518 Metern oder man fährt mit der Col-Raiser-Seilbahn von St. Christina hoch und wandert in etwa zwei Stunden zur Seceda – absolut lohnenswert, denn Col Raiser gilt als schönstes Almgebiet Grödens. Man wandert vorbei an einem kleinen Bergweiher, über blumenbewachsene Almwiesen bis hin zum Megaaussichtspunkt in der Nähe des Gipfelkreuzes der Seceda. Wer nicht so lange laufen mag, kann von Col Raiser auch in einer Viertelstunde zur Talstation des Fermeda-Sesselliftes laufen, mit dem man ebenfalls zur Seceda hochkommt.

Oben angekommen eröffnet sich ein 360-Grad-Panoramablick und man kann die prächtige Aussicht auf die Geislergruppe mit ihren Fermedatürmen erleben. Von hier aus sieht man auch die übrigen Grödner Dolomiten, die Brentagruppe, die Adamello- und Ortlergruppe, die Ötztaler- und Stubaitaler Alpen und den Großglockner – einfach atemberaubend.

- Col Raiser Bahn, Raiserstraße 65, I-39048 Wolkenstein in Gröden, Tel. +39 0471 79 20 89, www.colraiser.it
- Seceda Seilbahnen AG, Anntalstraße 2, I-39046 St. Ulrich in Gröden, Tel. +39 0471 79 65 31, www.seceda.it

Berauschendes Bergseebad

55 Zu den Schrüttenseen bei Brixen

Umgeben von Wäldern, die nach Heimat riechen, begrüßt der Große Schrüttensee seine Besucher mit kristallklarem, grün schimmerndem Quellwasser. Der See liegt eingebettet zwischen blühenden Alpenrosen, schroffen Felsblöcken des Kühbergs und sattgrünen Bergwiesen. Hier oben, auf 1970 Metern, scheint die Zeit ein bisschen langsamer zu laufen und wer hier kurz innehält, der kann ihn spüren, den kurzen Augenblick der Vollkommenheit.

Statt sich vom Anstieg am Ufer des Großen Schrüttensees auszuruhen, kann man noch weiter zum wenige Minuten entfernten Kleinen Schrüttensee wandern. Danach gilt: nicht lange warten, sondern Bergschuhe ausziehen, barfuß über die Almwiese laufen und die nackten Füße ins Wasser strecken. Das ist und bleibt einfach das Beste nach dem Wandern. Mutige können an heißen Sommertagen auch im Schrüttensee baden, das Wasser ist zwar eisig kalt, aber danach fühlt man sich wie neugeboren. Bitte immer einen respektvollen Umgang mit der Natur wahren und, sollte man baden wollen, nur eine Sonnencreme verwenden, die dem Wasser nicht schadet! Danach glückselig ans Ufer legen und Sonne tanken.

TIPP

Etwa fünf Stunden sollten Wanderer für die Tour mit Rast an den Schrüttenseen einplanen.

Die Schrüttenseen liegen am Übergang von Schalders zu Durnholz im Sarntal. Sie sind über einen Wanderweg durchs ursprüngliche Schalderer Tal erreichbar. Gestartet wird beim Wanderparkplatz Schalders unterhalb des Steinwendthofes. Der Weg führt entlang des rauschenden Schalderer Baches. Anfangs noch etwas steil, dann gemütlicher durch schattige Waldhänge und schließlich wieder steiler. Die Luft am Bach ist angenehm kühl und das nahende Ziel spornt an. Nach etwa zwei Stunden erreicht man den malerischen Großen Schrüttensee, dessen Wasser früher für seine heilsame Wirkung bekannt war und bei Magenbeschwerden Linderung verschafft haben soll. Nach einer Stärkung am See – wie toll ist es, hier zu picknicken – können Bergwanderer noch den Kühberg, das Eisköfele oder die Lorenzischarte, alles Teile der wunderschönen Latzfonser Alm, erklimmen.

● Schrüttenseen, Schalders bei I-39042 Brixen – im Dorfzentrum von Schalders weist ein Schild mit der Aufschrift „Schrüttenseen Schrotthorn" den Weg zum Wanderparkplatz

Brixen Tourismus Genossenschaft, Regensburger Allee 9, I-39042 Brixen, Tel. +39 0472 27 52 52

Einmal Saftige Berta, bitte

56

pims Burger & More in Vintl

Bei der Saftigen Berta ist der Name Programm: saftiges Rindfleisch, Zwiebelkonfit, geröstete Walnüsse, gegrillter Radicchio und Mascarpone-Gorgonzola-Creme. Genussvoll reinbeißen. Vollkleckern. Egal. Der Burger ist einfach nur der Hammer. Das Team von pims experimentiert gerne. Das merkt man vor allem den ungewöhnlichen Burgerkreationen an – die Gezupfte Moidl mit Pulled Pork und Tropeazwiebeln, der Brachiale Luis mit einem Original Vinschgerle-Brot, Krautsalat und Meerrettichsauce oder der Hetzige Sepp mit Kichererbsenlaibchen nach Hausrezept. Dazu Süßkartoffelpommes und Wasabi-Mayo. Diese genialen Kombinationen machen einfach nur Spaß. Für alle weniger Mutigen gibt es natürlich auch die klassische Alternative. Aber egal welcher Burger – bei den Zutaten legt das Team vom pims stets Wert auf Regionalität. Alle Produkte kommen, sofern möglich, aus der Region. Die Eier von Bauern in der Umgebung, das Rindfleisch zu 100 Prozent aus Südtirol und je nach Saison stammt auch der Salat von heimischen Feldern. Die Brote werden nach eigenem Rezept von einer Bäckerei gebacken. Zu diesen hohen Qualitätsansprüchen passt der Name pims eigentlich so gar nicht. Unter Gaunern und Soldaten war „Bims" hierzulande nämlich der Begriff für trockenes Brot. Später entwickelte sich der Bims aber weiter und wurde unter Südtirolern einfach zum belegten Brot. Heute ist pims das Synonym für beste Burger.

Den Burgerladen pims gibt es an gleich drei Standorten: in Bozen, Tramin und Vintl – in der Feinkäserei Capriz, einer außergewöhnlichen Käsemanufaktur. Einige Käse wurden bei den World Cheese Awards sogar mehrfach ausgezeichnet. Direkt im selben Gebäude gibt es einen Shop mit Käse aus Ziegen- und Kuhmilch und vielen ausgewählten Spezialitäten. Und dann noch eine Schaukäserei, eine Vinothek und ein Museum. Übrigens: Wer auf Käse steht, kann anstatt Burger auch Käsespezialitäten bestellen: Ofenkäse mit Salat oder Käsevariationen mit Früchtesenf. Im pims ist das Motto: einfach schlemmen und glücklich sein.

TIPP

Ums Eck ist die Lodenwelt mit Concept Store und Museum zur Kulturgeschichte und Herstellung des Lodens.

● pims Burger & More, Pustertalerstraße 1/b, I-39030 Vintl, Tel. +39 349 213 70 17
www.pims-burger.com

pims

Natur hautnah erleben

57 Rundwanderung im Naturpark Puez-Geisler

Sich in einem 10.722 Hektar großen Naturpark für einen Ort zu entscheiden, ist nicht einfach, um nicht zu sagen: unmöglich. Der sagenhafte Naturpark Puez-Geisler und das Villnösstal sind voller schöner Fleckchen. Nicht nur wegen der imposanten Geislergruppe, die über der Landschaft thront. Die Natur hat hier einfach etwas Besonderes an sich. Und die Möglichkeiten, sie zu erkunden, sind scheinbar grenzenlos. In diesem Gebiet verlaufen zahlreiche Wanderwege, Mountainbike-Routen und Klettersteige. Wunderschöne Almen liegen zwischen den Geislern. Ein Weg ist der Rundweg Zans, der erste rollstuhlgerechte Naturerlebnisweg in Südtirol. Die gemütliche Runde schlängelt sich über Wiesen, durch Wälder und durch ein Wildgehege. Auf 17 Stationen heißt es innehalten, die Ruhe der Natur spüren, dem Rauschen eines Baches lauschen oder frisches Bergquellwasser aus einem Holztrog trinken. Immer wieder gibt es Bänke zum Rasten und kleine Schautafeln mit Informationen über Flora und Fauna. Immer wieder kann man sich auf eine Bank oder ins Gras setzen und den Augenblick genießen. Egal, ob der Naturerlebnisweg Zans, der Adolf-Munkel-Weg am Fuße der Geislerspitzen oder eine Tour auf den Peitlerkofel – Ausgangspunkt ist immer die Zanser Alm. Der Parkplatz ist gebührenpflichtig, aber die atemberaubende Natur entschädigt dafür.

TIPP
Wer einen freien Platz ergattert, sollte sich unbedingt ins Geislerkino setzen und den Ausblick genießen.

Wer in diesem Gebiet wandert, sollte wissen, dass im Sommer manchmal sehr viele Wanderer unterwegs sind. Seit die Geislergruppe zum UNESCO-Welterbe gehört, ist die Bekanntheit dieses Ortes gestiegen. Es lohnt sich also, die Wanderung auf den Herbst zu verschieben. Ab Mitte Oktober verwandelt der Herbst die Talhänge zudem in ein gelb-oranges Farbenmeer. Vor allem der Blick talauswärts ist zu dieser Zeit am schönsten. Besonders schön ist es dann auch auf der Geisleralm. Hier scheinen die Gipfel zum Greifen nah und der Alltag in weiter Ferne. Schon der Adolf-Munkel-Weg, über den man die Alm erreicht, ist ein wahres Highlight. Immer gilt: sensibel mit der schönen Natur umgehen, es soll schließlich ein Glücksort bleiben.

● Naturpark Puez-Geisler, Parkplatz am Treffpunkt Zans, Zanser Straße, I-39040 Villnöss, Infostelle „Treffpunkt Zans", Tel. +39 0472 84 00 54

Auf in die Fuggerstadt

58 Die Altstadt von Sterzing

Es gibt Städte, die sind ganz gewöhnliche Städte, und dann gibt es solche, die einen gewissen Charme versprühen, dem man sich nicht entziehen kann. Sterzing gehört eindeutig zu letzteren. Mit ihren prächtigen Bürgerhäusern, mittelalterlichen Plätzen und der Bergkulisse im Hintergrund hat sie sich den Titel „eine der schönsten Kleinstädte Italiens" echt verdient.
Die malerische Hauptstraße der einstigen Fuggerstadt erstrahlt heute noch im Glanz des ausgehenden Mittelalters und das Rathaus zeugt ebenfalls heute noch vom Wohlstand des 15. Jahrhunderts. Viele kleine Geschäfte reihen sich an Delikatessenläden, Bars und Cafés. Hier trifft mediterrane Küche auf alpine Spezialitäten und italienische Designermode auf Südtiroler Handwerkskunst. Und genau dort, mitten im Geschehen, ragt der Stadtturm in den Himmel. Das Wahrzeichen aus grauen Granitblöcken wird von den Einheimischen Zwölferturm genannt. Der Grund: Die Glocke des Turms ruft pünktlich um zwölf zur Mittagspause. Jeden Tag. Das war damals so und ist es noch heute. Im Sommer können Besucher im Rahmen der Sterzinger Laternenpartys den Turm betreten und erkunden. In der Zeit des Weihnachtsmarktes wird das Innere des Turms zum Krippenmuseum. Aber nicht nur des Turms wegen ist die Alpinstadt immer einen Besuch wert.
In Sterzing gibt es zahlreiche gotische Kirchen, interessante Museen und mittelalterliche Burgen. Nicht zu vergessen die Haubenrestaurants. Besonders schön ist es hier in der kalten Jahreszeit. Dann ist die nördlichste Stadt Italiens in ein romantisches Lichtermeer gehüllt und unter dem Zwölferturm findet ein kleiner, aber feiner Weihnachtsmarkt statt – besonders am späten Nachmittag ein tolles Erlebnis.
Übrigens: Die Talstation der Rosskopf-Seilbahn ist nur wenige Gehminuten vom historischen Stadtzentrum entfernt und auch im Sommer ist der Rosskopf, die Sterzinger Sonnenterrasse, mit seinen Almen, Hütten und einem spektakulären Bergpanorama ein beliebtes Wanderziel im Norden Südtirols.

TIPP

Essen im Restaurant & Pizzeria Kolping. Unscheinbar von außen, aber das Essen ist ausgesprochen gut.

● Altstadt Sterzing, I-39049 Sterzing
Tourismusgenossenschaft Sterzing – Pfitsch – Freienfeld, I-39049 Sterzing, Tel. +39 0472 76 53 25, www.sterzing.com

HOTEL
POST

Unvergessliche Bergtour

59 Vom Würzjoch auf den Peitlerkofel wandern

In den Bergen scheint die Sonne ein bisschen länger. Der Himmel ist ein Stückchen näher und das Glück ein bisschen greifbarer. Umgeben von imposanten Bergriesen ist die absolute Freiheit spürbar. Kein Wunder, dass die Südtiroler Berge in der ganzen Welt bekannt und beliebt sind – vor allem die Dolomiten. Der mächtige, allein stehende Peitlerkofel (ladinisch Sass de Pütia) ist mit 2875 Metern der höchste Berg der Peitlerkofelgruppe in den Dolomiten und vor allem für seine einzigartige Fernsicht bekannt. Er ragt mitten im Naturpark Puez-Geisler im Gadertal in den Himmel und ist unter anderem vom Würzjoch aus begehbar.

Dieser Gebirgspass liegt etwas abseits der Haupttouristenströme und ist selbst schon einen Ausflug wert. Man fährt über St. Martin in Thurn, Lüsen oder das Villnösstal auf den Pass, parkt auf dem gebührenpflichtigen Parkplatz an der Hütte Ütia de Börz und genießt erst mal die Aussicht vom Würzjoch. Dann wandert man auf dem breiten Forstweg 8A los. Anfangs durch den Wald, dann über die im Sommer blühenden Peitlerwiesen und schließlich über einen schmalen Steig in Serpentinen hoch. Schließlich kommt ein mit einem Drahtseil gut gesicherter Aufstieg, der auf den Gipfel des Großen Peitlerkofels führt. Aber Achtung: Hier ist absolute Trittsicherheit erforderlich und am besten sollte man Klettersteigausrüstung dabeihaben. Wer den Klettersteig auf den Gipfel meiden möchte, kann auf den kleinen Peitlerkofel ausweichen oder das imposante Bergmassiv ganz einfach umrunden. Überall am Peitlerkofel warten spektakuläre Aussichten, die alle Herzen höherschlagen lassen.

TIPP
Am besten eine Tour unter der Woche planen und den Aufstieg zum Peitlerkofel am Wochenende meiden.

Auf dem Rückweg sollte man eine Einkehr in eine der bewirtschafteten Hütten einplanen, etwa in die Würzjochhütte am Parkplatz. Hier gibt es authentische Südtiroler Gerichte. Wer möchte, kann hier auch übernachten und seine Wanderung am nächsten frühen Morgen starten. Nach einem guten Bergfrühstück steht dem Gipfelglück nichts mehr im Wege.

● Ütia de Börz, Parkplatz Würzjoch/Börz, SP29 23, I-39030 Villnöss
www.boerz.it/de
Tourismusgenossenschaft St. Martin, Torstraße 18/C, I-39030 St. Martin,
Tel. +39 0474 52 31 75, www.sanvigilio.com

Adrenalin pur

60 Die Zipline von St. Vigil in Enneberg

Adrenalinjunkies aufgepasst: In St. Vigil wartet ein berauschendes Erlebnis – ein rasanter Flug hoch über Wälder und Täler. Gesichert an einem Stahlseil rauscht man mit bis zu 80 Stundenkilometern 100 Meter oberhalb des Bodens über Wälder und Täler dahin.

Die Zipline in Enneberg ist die größte und längste Zipline Europas mit sieben Seilen, einer Gesamtlänge von 3,2 Kilometern und einer Höhe von 100 Metern. Kein Wunder, dass sie die Hauptattraktion im Abenteuerpark Adrenaline-X-Treme Adventures ist, direkt auf den Skipisten des Kronplatzes am Fuße des Naturparks Fanes-Senes-Prags. Gut gewappnet mit Helm und Sicherheitsgurt fliegen Wagemutige in elf Etappen förmlich von Baum zu Baum hinüber auf die andere Seite des Tals. Keine Angst, es ist stets ein Experte dabei, der die Wagemutigen mit dem doppelten Karabinerhaken in die Drahtseile einhakt und sich bei jedem Start und bei der Ankunft auf den einzelnen Plattformen um sie kümmert. So kann jeder den Flug am Seil und den Adrenalinkick sorglos genießen. Und wer sich traut, die Augen offen zu lassen, erhält obendrein noch einen unvergesslichen Panoramablick.

TIPP

Essen in der rustikalen Kiefernstube aus dem 18. Jahrhundert in der Osteria Plazores.

Den Flug mit der Zipline kann man direkt auf der Webseite buchen und dazu auch eine GoPro mit Selfie-Stange mieten, um das Abenteuer zu verewigen. Treffpunkt ist eine Viertelstunde vor der gebuchten Abflugzeit im Zentrum von St. Vigil. Von dort wird die Gruppe Offroad zur ersten Plattform gefahren. Es folgt ein Sicherheitscheck und dann: Abfluuug.

Wer es nicht ganz so adrenalinreich mag, kann auf einem Segway durch die Dolomiten-Landschaft cruisen. Segways haben nur zwei Räder, halten sich aber dennoch im Gleichgewicht. Selbst in rauem Gelände fährt sich der Segway noch gut. Um mit dem elektrobetriebenen Roller loszufahren, muss man lediglich sein Gewicht nach vorne verlagern – die Technik hat man schnell raus. Im Verleih bekommt man eine Einführung und Routen-Tipps durch die wunderschönen Landschaften der Dolomiten.

● Zipline im Abenteuerpark Adrenaline-X-Treme Adventures, Catarina-Lanz-Straße 24, I-39030 Enneberg-St. Vigil, Tel. +39 331 418 80 07 www.adrenalineadventures.it

Mächtige Ausblicke

61 Am Grödner Joch zwischen Gadertal und Gröden

Die Dolomiten gehören zu den schönsten Bergen der Welt und sind seit 2009 Teil des UNESCO-Welterbes. Der Gebirgspass Grödner Joch liegt mitten in diesen imposanten Gesteinsgebilden. Wer von Wolkenstein in Gröden nach Corvara ins Gadertal fährt, überquert unweigerlich den auf 2121 Metern gelegenen hohen Gebirgspass, den die Ladiner Jëuf de Frea nennen.

Die Passstraße ist 20 Kilometer lang und normalerweise – wenn nicht zu viel Schnee liegt – das ganze Jahr befahrbar. Egal zu welcher Jahreszeit, das Grödner Joch überrascht seine Besucher immer wieder mit neuen faszinierenden Ausblicken in die Natur. Die Straße führt in mehreren Kurven und Kehren hinauf auf den höchsten Punkt und ist sowohl mit dem Auto als auch mit dem Mountainbike befahrbar. Oben angekommen ist das Panorama echt überwältigend.

Man blickt auf das nahe Sellamassiv im Süden, auf die Cirspitzen im Norden, auf den fast 3200 Meter hohen Langkofel im Westen und auf die imposanten Berggipfel des Gadertals wie den Sassongher und die Fanesgruppe. Am Joch entspringen mehrere Bäche, im Sommer sind die Hänge mit Blumen übersäht, im Winter verwandelt sich die Naturkulisse in einen Traum für Skifahrer und Tourengeher. Im Rahmen der Sella Ronda, also der Sella-Runde, rund um den Sellastock können vier Pässe im Sommer auf dem Rad und im Winter auf Skiern bewältigt werden.

Egal, ob man am Grödner Joch wandert (besonders schön sind die Cirspsitzen) oder mit dem Rad oder Auto hochfährt und auf dem gebührenpflichtigen Parkplatz parkt – die Gegend hier hat Bilderbuchpotenzial. Wer mit dem Mountainbike oder E-Bike die Passstraße hochfährt, sollte am besten frühmorgens starten, um die Straße noch halbwegs für sich zu haben. Eine schöne Tour verläuft von Corvara bis auf den Pass. Die Straße auf das Grödner Joch gibt es noch nicht so lange. Der erste Fahrweg entstand im Ersten Weltkrieg, die erste Straße 1960. Danach folgten Liftanlagen und Wanderwege zu beiden Seiten des Jochs.

TIPP

Ein schöner Spot am Grödner Joch ist die Alpini-Kapelle mit dem imposanten Langkofel im Hintergrund.

● Grödner Joch, I-39033 Corvara, zwischen Gadertal und Gröden
www.valgardena.it
Dolomites Val Gardena, Tel. +39 0471 77 77 77

Matilda & Frida

62

Die Streetfoodbar Matilda in Bruneck

Normal kann jeder, Matilda ist anders. Häufig finden sich in Bars, Cafés und Restaurants immer dieselben hochstilisierten Konzepte, bei denen sich Innenarchitekten und Planer verwirklicht haben. Die Streetfoodbar am Kapuzinerplatz in Bruneck ist das Gegenteil. Sie spiegelt die Seele des Inhabers wider. Vieles im Laden ist selbst gemacht: Theken, Lampen, Tische … „Das Lokal bekommt eine Seele, wenn jedes Stück eine Geschichte erzählt", sagt Inhaber Markus Mair am Tinkhof und bringt es wohl auf den Punkt, wie sich die Gäste im Matilda fühlen: wie im eigenen Garten, wie zu Hause im Wohnzimmer – einfach an einem authentischen Fleckchen zum Wohlfühlen.

Markus ist in seinem Leben sehr viel gereist, arbeitete und lebte in New York, Nicaragua, in Asien, Australien, Neapel und an vielen weiteren Orten. Nach Jahren der Arbeit in der internationalen Topgastronomie will er sein eigenes Lokal eröffnen und pachtet für einige Jahre die Gänseliesl in Bruneck. Seit Juni 2020 hat er in einem alten Gebäude direkt am Fluss Rienz seinen neuen Platz gefunden.

Hier hat Markus so einiges von seinen Reisen eingebaut: Möbel, Gegenstände und Kulinarik. Hier werden Tapas unter Schatten spendenden Schirmen im Garten serviert, hier werden Piadine und Bruschette in der alten Stube aufgetischt, zwischen zusammengewürfelten Stühlen und Tischen und vor fensterhohen Frida-Kahlo-Gemälden. Hier ist nichts Mainstream. Im Gegensatz zu langweiligen Restaurants mit Standardeinrichtungen hat sein Lokal Charakter. Benannt ist es nach Markus' Tochter. Während er nach einem Namen suchte, umarmte sie ihn und so heißt das Lokal jetzt eben Matilda. Passend.

Wer hier einkehrt, sollte unbedingt auch einen Bummel durch die malerische Stadtgasse von Bruneck einplanen. Vorbei an den zinnengekrönten und bunt bemalten Fassaden und Geschäften. Mit etwas Glück findet gerade eines der Sommerkonzerte am Rathausplatz statt oder im Winter der berühmte Brunecker Christkindlmarkt am Graben.

TIPP

Sehenswert ist in Bruneck auch das Museum der Bergfotografie Lumen auf dem Kronplatz.

● Matilda, Kapuzinerplatz 14, I-39031 Bruneck, Tel. +39 348 562 33 46

FRIDA

Wanderlust & Gipfelblick

63 Auf die Pralongià-Hochebene in Alta Badia

Sattgrüne Wiesen, imposante Berggipfel und urige Hütten – wo auch immer diese drei Dinge aufeinandertreffen, ist ein wahrer Glückstaumel vorprogrammiert. Die Hochebene in Alta Badia ist so ein Ort. Im Frühsommer verwandelt sich die sanfte Almwiesenlandschaft hier in ein saftiges Grün mit Tausenden und Abertausenden Blumen. Hier oben zu wandern oder mit dem Mountainbike unterwegs zu sein, sorgt einfach für ein Gefühl von Freiheit. Von der Alta-Badia-Hochebene blickt man rundum auf die majestätischen Gipfel der Dolomiten. Auf die Fanesgruppe, die Puezgruppe mit dem Sassongher und auf den beeindruckenden Gletscher der Marmolada. Wer einmal hier oben war, versteht, warum die Pralongià-Hochebene auch Amphitheater der Dolomiten genannt wird.

In frischer Bergluft wartet hier nicht nur ein atemberaubender Ausblick, sondern auch das wohl ungewöhnlichste Fitnessstudio in den Alpen auf Naturliebhaber und Sportbegeisterte: die Movimënt Fitnessparks. Auf 2100 Metern heißt es Nordic Walking und Kneippen, Gleichgewichtsübungen an speziellen Geräten und Muskeltraining – alles mit Bergblick und umgeben von blühenden Almwiesen.

TIPP
Mittagessen in der Pralongià-Berghütte. Fleisch, Speck und Käse kommen von Südtirols Bauernhöfen.

Im Sommer kommen Naturliebhaber von Corvara und St. Kassian über mehrere Wege hinauf auf die Bergwiesen der Pralongià. Entweder fährt man mit dem Sessellift Col Alto – schon 1947 wurde hier der erste Sessellift Italiens erbaut! – oder geht von der Talstation des Sessellifts Pralongià zu Fuß über den markierten malerischen Forstweg Richtung Pralongià. Die Wanderung ist leicht und man hat nur einen geringen Höhenunterschied zu überwinden. Es geht gemütlich hinauf über Schotterstraßen und auf breiten Pfaden. Oben angekommen können Bergfreunde noch weiter zum Piz Sorega, zum Col Alto oder zum Piz la Ila hochsteigen. Auch der Alta-Badia-Höhenweg und der Dolomiten-Höhenweg 9 führen an der Hochebene vorbei. Im Winter verwandeln sich die sanften Wiesen in eine Traumkulisse für Schneeschuhwanderer und in einen Teil des Skikarussells Dolomiti Superski.

● Pralongià-Hochebene in Alta Badia und Movimënt Fitnessparks, zwischen I-39033 Corvara, I-39030 St. Kassian und I-39036 La Villa
www.altabadia.org

Glücklich den Berg hinunter

64 Rodeln am Rosskopf in Sterzing

Adrenalin setzt Glücksgefühle frei. Und das gibt's beim Rodeln reichlich, denn es geht manchmal ganz schön rasant den Berg hinunter. Viele kennen Schlittenfahren noch aus der Kindheit. Damals hat man die Rodel durch den knirschenden Schnee den Hügel hochgeschleppt und ist dann mit roten Wangen wild hinuntergeschossen. Dieses Gefühl, das aufkommt, wenn die Natur an einem vorbeirauscht, ist aber nicht nur für Kinder ein Riesenspaß.

Im Fuggerstädtchen Sterzing gibt es gleich mehrere schöne Rodelpisten, aber eine ist besonders lohnenswert. Die Rodelbahn am Rosskopf ist ganze zehn Kilometer lang und die längste beleuchtete und beschneite Rodelpiste Italiens. Wer hier auf heißen Kufen den Berg hinabjagt, legt 910 Höhenmeter zurück.

TIPP

Rodel können an der Tal- und Bergstation der Rosskopf Seilbahn ausgeliehen werden.

Die Talstation der Kabinenbahn liegt nur wenige Minuten vom historischen Stadtzentrum entfernt und bringt die Rodler auf den Rosskopf hinauf. Auf der Rodelbahn wechseln sich gerade Strecken mit spannenden Kurven ab. Mal saust man mit dem Schlitten durch verschneiten Nadelwald, mal über schöne Lichtungen mit Blick ins Tal und auf die gegenüberliegenden Berge. Und einmal sogar durch einen Tunnel. Die gesamte Strecke ist gut präpariert.

Vor allem am frühen Vormittag ist die Abfahrt traumhaft, dann ist die Rodelbahn frisch präpariert, aber auch in der Nacht. Ob romantisch bei Vollmond, unter klarem Sternenhimmel oder bei einer rasanten Abfahrt bei Flutlicht – jeden Dienstag und Freitag ist die Rodelbahn bis Mitternacht beleuchtet. Dann kann man von 19 bis 22 Uhr zur Bergstation fahren, dort in den urigen Hütten zusammensitzen, einen wärmenden Punsch trinken und durch die Winterlandschaft zurück ins Tal sausen.

Damit der Rodelausflug perfekt wird, sollte man einige Sicherheitsvorkehrungen beachten. Gute Schuhe sind Pflicht, denn gebremst wird mit den Füßen. Unbedingt einen Helm und am besten noch Handschuhe und Skibrille tragen – schon kann die Fahrt losgehen!

● Talstation der Rosskopf-Kabinenbahn, I-39049 Sterzing
www.rosskopf.com

Hüttenromantik pur

65 Ausflug zur Fane Alm im Valser Tal

Sie ist so, wie man sich eine Alm in den Alpen vorstellt: urig, echt, traditionell und ein bisschen märchenhaft. Die Fane Alm oder, wie die Südtiroler sagen, „die Fane", liegt mitten in den Pfunderer Bergen des Valser Tals und ist umgeben von blumig-würzigen Bergwiesen. Das, was sie so besonders macht, ist ihr Dorfcharakter. Die Fane besteht nämlich nicht aus einer Almhütte, sondern gleich aus 30 Hütten: aus Wohnhütten, einer kleinen Kirche und drei Almschenken, in denen die Hüttenwirte ihren Gästen ordentlich Tradition auftischen. Sie ist eine Gemeinschaftsalm, ein ganzes Almendorf sozusagen. Im Mittelalter war die Fane ein Lazarett. Heute ist davon nichts mehr spürbar. Vielmehr treffen sich hier heute Einheimische und Gäste, um auf die Wilde Kreuzspitze oder auf die anderen Gipfel zu wandern, um einen schönen Tag mit der Familie zu verbringen. Einfach, um abzuschalten.

Wie so oft bei schönen Fleckchen, ist auch die Fane Alm gut besucht, aber dennoch einen Ausflug wert. Noch heute wird das Almendorf traditionell bewirtschaftet. Im Sommer weiden hier die Kühe der Umgebung, die täglich frische Milch für Almkäse und Almbutter liefern und denen hier sogar ein eigener Weg gewidmet ist: der Milchweg. Über diesen Steig ist die Fane Alm vom kostenlosen Parkplatz im Tal in etwa einer Stunde zu Fuß erreichbar. Unterwegs warten mehrere Stationen auf Groß und Klein, die über die Milcherzeugung und Almwirtschaft informieren.

Im Winter befindet sich das Almdorf im Winterschlaf. Dann sind die Hütten vom Schnee bedeckt, die Kühe längst wieder zu Hause im Stall. Sobald die kalte Jahreszeit über die Fane Alm hereinbricht, ist es hier merklich ruhiger und es sind nur noch wenige Menschen anzutreffen. Dann zieht die Landschaft Schneeschuhwanderer an, aber auch Rodler und Skitourengeher. Die Zingerle Hütte ist auch im Winter für Gäste geöffnet. Nach der Bewegung in der frischen Schneeluft warten dort ein wärmender Tee und Südtiroler Gerichte auf die Wintersportler. Braucht man mehr, um glücklich zu sein?

TIPP

Im Winter kann von der Fane Alm sogar bis zum Talschluss in Vals gerodelt werden.

- Jausenstation Gattererhütte Fane Alm, etwa eine Stunde vom Parkplatz im Talschluss, I-39037 Vals, Tel. +39 0472 54 71 84

Nervenkitzel in der Natur

66 Rafting mit DolomitActiv in Bruneck

Mit einem Wildwasserboot ungezähmte Gewässer zu bezwingen ist ein unvergessliches Erlebnis für alle Abenteuerhungrigen – vorausgesetzt natürlich, man kann schwimmen. Die rasante Fahrt durch wilde Walzen, säuselnde Strudel und reisende Schwalle lässt Adrenalin durch die Venen schießen und sorgt für einen geballten Kick.

Die Südtiroler Landschaft ist durch ihre ungezügelten Flüsse und urwüchsige Wildnis der Alpen geradezu perfekt für das Abenteuer Rafting. In Begleitung eines geprüften Führers kann man hierzulande auf Flüssen wie dem Eisack, der Etsch, der Passer oder der Ahr bei Bruneck übers Wasser jagen. Durch Letztere organisiert das DolomitActiv-Team Raftingtouren mit unterschiedlichen Schwierigkeitsgraden. Ausflüge für Einsteiger und Fortgeschrittene, aber auch einige der populärsten Touren Europas. Geübte ab 16 Jahren können auch „Rafting Wild" buchen.

TIPP

Neben Rafting bietet das Team von DolomitActiv auch Canyoning und Bergwanderungen an.

Die Mitarbeiter, übrigens staatlich geprüfte Guides, beraten gerne, was am besten zu einem passt. Vor jeder Raftingtour findet ein Safety-Talk statt, bei dem die Guides die Teilnehmer vorbereiten. Während der Wildwasserfahrt müssen alle Teilnehmer an einem Strang ziehen – nur so können die Herausforderungen des Wildwassers gemeistert werden. Das schweißt zusammen. Eine Raftingtour ist also besonders toll, wenn man sie mit Familie – ab fünf Jahren darf man teilnehmen – oder Freunden erlebt. Wer sich anmeldet, muss Badesachen und ein Handtuch mitbringen, Brillenträger sollten idealerweise Linsen tragen. Dann braucht es nur noch gute Laune, denn schon bald gibt es Action, Fun und Abenteuer pur.

Treffpunkt ist bei DolomitActiv in Bruneck unweit der Hauptstraße. Das Team stellt Wildwasserboote mit mindestens sieben Luftkammern, Stechpaddel, Neoprenanzüge, Schuhe, Helme und Schwimmwesten. Gut ausgerüstet kann der Mix zwischen wuchtigem Wildwasser und gechilltem Floating beginnen. Auf Wunsch gibt es einen Foto-Service. Man kann das Erlebnis also für die Ewigkeit festhalten.

● DolomitActiv, Taufererstraße 2a, I-39031 Bruneck, Tel. +39 348 674 61 75
www.dolomitactiv.it

Botanischer Naturgarten

67

Armentara-Wiesen von La Val in Alta Badia

Über einen blühenden Teppich aus Wildblumen zu laufen und den würzigen Blütenduft einzusaugen – das tut so gut! Am Fuße der Kreuzkofelgruppe, im Naturpark Fanes-Sennes-Prags, breitet sich ein natürlicher botanischer Garten aus: die Armentara-Wiesen. Hier gedeihen nicht nur unzählige Wildblumen, sondern hier wachsen auch zahlreiche Orchideenarten, Lärchen und Zirben. Ideal, um beim gemütlichen Wandern in ein echtes Duftmeer einzutauchen. Umgeben von einer Vielfalt, wie sie kaum anderswo in Südtirol zu finden ist.

Vor allem im Frühling, wenn die Blüten aus dem Boden sprießen und sich die Welt wieder neu orientiert, ist es auf den 300 Hektar großen Armentara-Wiesen im Dorf La Val in Alta Badia zauberhaft. Aber auch im Herbst lohnt sich ein Ausflug auf die 1600 bis 2000 Meter.

Die Armentara-Wiesen sind im letzten Jahrtausend durch das Bewirtschaften der Bauern entstanden und haben dabei ihre Schönheit erlangt. Heute ziehen sie nicht nur zahlreiche Wanderer und Naturliebhaber an, sondern sind auch zahlreichen Vögeln zur Heimat geworden. 1998 wurden bei einer Studie des Naturparks ganze 61 Arten in den Armentara-Wiesen gezählt. Darunter auch selten gewordene wie der Dreizehnspecht, der Neuntöter, der Sperlingskauz oder das Birkhuhn.

TIPP

Sehenswert ist auch die Kirche Heiligkreuz am Heiligkreuzkofel, die aus dem Jahr 1000 stammen soll.

Um zu dem Kleinod zu gelangen, folgt man von Badia den Schildern Roda de Armentara – ladinisch für Armentara-Wiesen. Von hier führen idyllische Wege durch Wälder und über Wiesen hoch auf das Plateau. Unterwegs trifft man auf mehrere Almhütten (unbedingt die typischen Speisen wie die Turtres mit Spinat- oder Krautfüllung und die hausgemachten Säfte probieren) und auf einen wunderschönen kleinen See. Mit etwas Glück ist auch die Grotta della Neve intakt, eine etwas abseits gelegene kleine Schneehöhle, in die man manchmal sogar hineingehen kann. Leider ist diese Magie aber nicht jedes Jahr zu sehen. Das Dorf La Val ist übrigens das erste zertifizierte Wanderdorf in Südtirol und Vorreiter des Nachhaltigkeitsprojektes European Hiking Villages.

● Armentara-Wiesen, I-39030 La Val/Alta Badia
www.alta-badia.org/de/highlights/natur-landschaft/wiesen-von-armentara/

Im kühlenden Wassernebel

68

Durch die Gilfenklamm bei Ratschings

Wild tanzt das Wasser durch die Schlucht und glücklich tanzt dabei das Herz. Wer durch die Gilfenklamm wandert, dem begegnet das Glück an vielen Stellen. An den tosenden Wasserfällen, hoch oben auf den Brücken oder am wilden Ratschinger Bach. So nah am Wasser, dass es alle Sinne berührt. Die feinen Wassertröpfchen kitzeln die Haut und das Donnern der Wassermassen betört die Ohren.

Auf den Aussichtsplattformen heißt es, tief die reine Luft einatmen und diese Naturgewalt einfach auf sich wirken lassen, bevor es wieder weitergeht. Über Jahrtausende hat sich das Wasser des Ratschinger Bachs durch den Marmor gefräst. Und noch heute wird der reinweiße Marmor im Ratschingstal abgebaut. Die Felsen sind durch die Witterung jedoch nicht weiß, sondern eher graugrün. An manchen Stellen aber schimmert der Marmor durch das klare Wasser und lässt es helltürkis leuchten. Einfach atemberaubend.

Die steil abfallenden Wände der einzigen Marmorschlucht Europas verlaufen vom Dorf Stange im äußeren Ridnauntal weiter ins Ratschingstal bis zum Weiler Jaufensteg. Am Anfang der Klamm wird eine kleine Gebühr zur Instandhaltung der Wege erhoben. Dafür bekommt man unterwegs ein einzigartiges Naturschauspiel, das als eines der schönsten im ganzen Alpenraum gilt. Wer auf zweieinhalb Kilometern durch das geschützte Naturdenkmal wandert, versteht warum. Der Canyon ist teilweise 15 Meter tief und an der eindrucksvollsten Stelle, der sogenannten Kirche, rauscht das Wasser an einem Felstrichter senkrecht in die Tiefen.

Die Gilfenklamm-Schlucht wurde 1896 eröffnet und war bis vor einigen Jahren unter dem Namen Kaiser-Franz-Josefs-Klamm bekannt. 1960 wurde sie instand gesetzt und ist seitdem von Anfang Mai bis Anfang November tagsüber durchgehend für Besucher geöffnet, welche hier auch zahlreich erscheinen. Eine Wanderung lohnt sich vor allem im Frühsommer zur Zeit der Schneeschmelze, dann führt die Schlucht am meisten Wasser und der feine Wassernebel kühlt angenehm.

TIPP

Nach der Wanderung durch die Schlucht im Gasthof Jaufensteg in Ratschings etwas trinken oder essen.

● Gilfenklamm, bei I-39040 Ratschings-Stange
Ratschings Tourismus Genossenschaft, Gasteig/Jaufenstraße 1, I-39040 Ratschings,
Tel. +39 0472 76 06 08, www.ratschings.info

Wallys große Kuchenkunst

69

Pyramidencafé in Oberwielenbach in Percha

Oberwielenbach im Pustertal ist bekannt für seine sattgrünen Hänge und für Kuchen. Wallys Kuchen. Waltraud Tschurtschenthaler backt bereits seit fast 30 Jahren Kuchen aller Art. Dementsprechend lecker sind ihre Kreationen und dementsprechend viel Auswahl gibt es in ihrem Pyramidencafé. Vor allem in den Sommermonaten stehen immer rund 15 verschiedene Kuchen und Torten bereit. Alle hausgemacht: Zwetschgenkuchen, Linzertorte mit Kürbiskernen, Apfel-Vanille-Torte … Kuchen wie von Oma. Wallys Kuchen sind wahrhaftig jede Sünde Wert. Sich hier zu entscheiden, fällt schwer, und das weiß auch die Kuchenbäckerin. Um ihren Gästen die Qual der Wahl etwas zu erleichtern, serviert sie deshalb auch ein Kuchentris – anstatt einer Torte kann man drei kleine Stücke auswählen. Wobei die „kleinen" gar nicht so klein sind.

Im Sortiment sind auch Leckereien für Kuchenliebhaber mit Laktoseintoleranz, Zöliakie oder Nussallergie. Kein Wunder, dass viele Gäste immer wiederkommen und Wallys Kuchen häufig als „die Besten" bezeichnen. „Ich habe das große Glück, mein Hobby zum Beruf gemacht zu haben", sagt die leidenschaftliche Kuchenbäckerin. Und so fällt es ihr leicht, jeden Tag schon in aller Herrgottsfrühe die Köstlichkeiten für ihre Gäste zu zaubern. Einige ihrer Rezepte verrät sie sogar in ihren zwei Backbüchern.

Das Pyramidencafé hat seinen Namen übrigens nicht von ungefähr. Es ist nämlich ein guter Ausgangspunkt zu den rund 45 Gehminuten entfernten Erdpyramiden in Platten – bizarre, natürlich geformte Steingebilde, die wie Säulen in den Himmel ragen. Über Jahre schwemmte Regen Schotter und lehmhaltigen Boden an und als 1882 ein großes Unwetter eine Erdlawine verursachte, waren die Erdpyramiden geboren. Je nach Witterung formen sich diese beeindruckenden Naturgebilde immer wieder neu. Einen Besuch im Kuchenhimmel sollte man also unbedingt mit einem Besuch der Pyramiden verbinden.

TIPP

Wer nach dem Wandern richtig Hunger hat, bekommt im Pyramidencafé auch leckere Hausmannsgerichte.

● Jausestation Pyramidencafé, Schießstandweg 2, I-39030 Percha, Tel. +39 0474 40 13 71, www.pyramidencafe.it

Es klappern die Mühlen

70 Wandern auf dem Mühlenlehrpfad in Terenten

Fast jeder Hof in Südtirol hatte einst eine hauseigene Mühle, in der die Bauern ihr Korn zu wertvollem Mehl gemahlen und anschließend Brot daraus gebacken haben. Heute sind nicht mehr viele dieser Mühlen in Betrieb, aber in Terenten ist gleich ein ganzer Weg diesen Altertümern gewidmet: der Mühlenlehrpfad. Dieser reizvolle Weg ist nicht überlaufen und führt durch herrliche Wiesen und über weite Felder. Immer entlang des wilden Terner Baches, der die Luft im Sommer angenehm kühlt. Die Besucher des Mühlenlehrpfades wandern auf den Spuren alter Traditionen. Der Weg ist gesäumt von den alten Holzmühlen, sechs an der Zahl, um genau zu sein. Alle wurden restauriert oder originalgetreu nachgebaut und wieder voll funktionstüchtig gemacht.

TIPP

Beim Mühlenfest und bei der Veranstaltung „s'Terner Schmelzpfandl" wird bei den Mühlen Korn gemahlen.

Mehrere Infotafeln entlang des Weges geben Auskunft über die Funktion und die Geschichte der Terner Kornmühlen, die teilweise bis zu 500 Jahre alt sind. Von Mai bis Oktober geht jeden Montag jeweils eine Mühle von zehn bis 14 Uhr in Betrieb. An diesen Tagen wird Korn gemahlen und die Besucher erfahren, wie die Mühlen funktionieren und welchen Stellenwert sie früher hatten – die Tradition der Mühlen lebt für ein paar Stunden wieder auf. Wer mag, kann auch an einer geführten Wanderung entlang des Mühlenweges teilnehmen. Diese Wanderungen sind speziell auf Familien ausgerichtet.

Der Mühlenlehrpfad beginnt im Zentrum von Terenten und hält unterwegs nicht nur Mühlen bereit, sondern auch tolle Ausblicke auf die Umgebung. Vom Parkplatz aus erreicht man erst den Terner Bach, dann den Mühlenlehrpfad und nach rund 40 Gehminuten die Terner Erdpyramiden. Nach weiteren zehn Minuten sind die fünf Hauptmühlen zu sehen. Bei der Hansleitner-Mühle führt der Weg über eine Brücke auf die andere Seite des Bachs. Anschlißend vorbei an einem alten Bauernhof und dem Dorf-Skilifti, bevor es wieder zurück ins Dorfzentrum geht. Eineinhalb Stunden dauert die Rundwanderung vorbei an den Terner Mühlen.

Mühlenlehrpfad, I-39030 Terenten
www.terenten.com

Genuss unter freiem Himmel

71 Tauferer Straßenküche in Sand in Taufers

Die Straßen sind gefüllt mit Lachen, durch die Gassen tönt Musik. Überall brutzelt's und duftet's. Es ist wieder „Stroßnkuchl"-Zeit. Jeden Dienstag im Juli und August verwandelt sich das Ortszentrum von Sand in Taufers abends in ein Freiluftrestaurant – die Tauferer Straßenküche. Sie beschert wieder zwei Monate voller Genuss dank zahlreicher Schlemmer-„Standlan" unter freiem Himmel. Die Köche der Restaurants und Gaststuben in und um Sand in Taufers servieren leckere Südtiroler Spezialitäten und mediterrane Gerichte wie Krapflan, Strauben und Kiechlan, Knödel und Pizza, Meeresfrüchte und Risotti … Die Tauferer Straßenküche trägt das Umweltsiegel Green Event. Das heißt, die Veranstaltung ist ressourcenschonend, umweltbewusst und nachhaltig. Gekocht wird mit regionalen, saisonalen und biologischen Lebensmitteln, die Gerichte werden auf kompostierbaren Tellern serviert. Getränkedosen gibt's keine, dafür leckere selbst gemachte Sirupe, italienische Aperitivi, Südtiroler Bier und Wein. An den acht lauen Sommerabenden kann jeder mehrere Stände durchprobieren, Spaß haben und einfach glücklich sein. Die „Stroßnkuchl" ist dazu da, einen schönen Abend unter Freunden zu verbringen und gemeinsam mit Einheimischen und Gästen zu feiern und zu genießen.

TIPP

Unbedingt die Erdäpfel-Plattlan oder -Tirtlan probieren, Traditionsspeisen im Tauferer Ahrntal.

An diesen Abenden sind auch die Geschäfte länger geöffnet, ebenso das Naturparkhaus. Die Burg Taufers bietet Nachtführungen an. Und neben leckerem Essen gibt's auch Angenehmes für Augen und Ohren. Lokale Bands und Volksmusikanten, Straßenkünstler und Akrobaten halten die Besucher bei Laune. Ein kleiner Handwerkermarkt mit Südtiroler Produkten lädt zum Zuschauen, Stöbern und Shoppen ein. Es wird gedrechselt, gefilzt und vieles mehr. Für Kinder gibt es Spiele, Kinderschminken, Trampolinspringen oder Ponyreiten.

Wer nicht in der Zeit der „Stroßnkuchl" in Sand in Taufers sein kann, sollte das wildromantische Dorf trotzdem einmal besuchen. Alleine schon wegen des mittelalterlichen Schlosses und der Natur im Ahrntal mit ihren tosenden Wasserfällen und den rund 80 Dreitausendern.

● Tauferer Straßenküche, im Ortszentrum von I-39032 Sand in Taufers
www.taufers.com

Cafe
Treffpunkt
SÜDTIROL

Durchatmen & Glück auf

72 Im Klimastollen des Bergwerks Prettau

Es gibt Orte, an denen ist die Luft so rein wie kaum anderswo auf dieser Welt. Da gibt es keine Pollen, keine elektromagnetische Strahlung oder Feinstaub. Und schon gar keine Hektik. Das Bergwerk Prettau ist so ein Ort. Tief unter der Erde, 1100 Meter tief im Berg, heißt es hier einfach mal für ein paar Stunden offline gehen. Zur Ruhe kommen, abseits vom Stress der heutigen Zeit. Sich selbst begegnen. Der Alltag bleibt für ein paar Stunden draußen, Körper und Geist können langsam entschleunigen.

Tief drinnen im Stollen von Prettau herrscht ein besonderes Mikroklima und allerreinste Atemluft. Die relative Luftfeuchtigkeit ist hier nahe dem Sättigungsgrad. Das heißt, sie bindet Schwebstoffe und Allergene in der Luft und schlägt sich damit an den Felswänden nieder. Die Luft im Berg ist acht bis zehn Grad kalt. Atmet man diese Stollenluft ein, erwärmt sie sich auf Körpertemperatur. Je wärmer die Luft wird, umso mehr Wasserdampf kann sie aufnehmen und auf dem Weg durch die Atemwege entzieht sie den Schleimhäuten Wasser. Dadurch gehen Schwellungen des Atmungsapparates zurück und Menschen mit Atemwegsbeschwerden können wieder freier atmen. So einfach ist das.

TIPP

Vorher reservieren und unbedingt eine warme Jacke einpacken. Drinnen kann es ganz schön kühl werden.

Alleine durch die Natur können Betroffene ihre Beschwerden ganz ohne Nebenwirkungen lindern. Kein Wunder, dass diese Höhlentherapie so beliebt ist, dass manche sogar eine Jahreskarte kaufen und regelmäßig für zwei Stunden in den Stollen fahren. Die erste morgendliche Einfahrt in den Klimastollen des Bergwerks ist exklusiv für Menschen mit Atemwegserkrankungen reserviert.

Neben dem Klimastollen ist auch das restliche Bergwerk Prettau einen Besuch wert und kann im Rahmen von speziellen Führungen oder Extremtouren in der Gruppe besichtigt werden. Bereits vor 600 Jahren war das Bergwerk in Betrieb, bis 1971. Damals, als das Prettauer Kupfer weitum begehrt war, schufteten Bergleute tagein, tagaus unter Tage und formten die Stollen zu dem, was sie heute sind. Umso erstaunlicher ist es, mit der alten Grubenbahn genau durch diese Stollen zu fahren.

● Landesmuseum Bergbau mit Klimastollen in Prettau, Hörmanngasse 38/A, I-39030 Prettau, Tel. +39 0474 65 42 98
www. bergbaumuseum.it/prettau/standort-prettau

Almschmaus vom Feinsten

73

Die Hofstatt Alm in Rasen-Antholz

Im Sommer gibt es doch nichts Schöneres, als gemeinsam mit seinen Freunden zu grillen. Saftiges Fleisch, Grillgemüse, ein kühles Bier oder eine erfrischende Limonade … Grillen ist einfach Lebensfreude pur. Das einzig Lästige sind das Besorgen der Zutaten und der Abwasch im Anschluss. Wie wäre es also mit einer Grillparty ohne Vorbereitung und Aufräumen? Einfach grillen und genießen – und natürlich relaxen. Das geht auf der Hofstatt Alm im Antholzer Tal.
Manuel Egger und Partnerin Patrizia Leitgeb führen die Alm seit 2018. Ihr Konzept: ein bisschen anders als auf anderen Almhütten. Bei ihnen können Grillfreunde seit 2020 nämlich das „Grill & Chill" reservieren. Von neun Uhr morgens bis spätabends werden die Gäste dabei selbst zu Meisterköchen und können auf einer eigenen Feuerplatte allerlei Leckereien brutzeln. Holz, Fleisch, frisches regionales Gemüse und alles, was das BBQ-Herz begehrt, stehen parat. Natürlich werden auch die passenden Getränke serviert. Das Outdoor Cooking mitten auf der Almwiese oder auf der Sonnenterrasse ist ein unvergessliches Erlebnis.
Die Hofstatt Alm liegt auf 1350 Metern mitten in der Natur. Sie ist auch mit Kindern einfach zu erreichen, die Gehzeit vom Tal beträgt ungefähr 45 Minuten – daher ist sie auch ideal für alle, die nicht so auf ausgedehnte Wanderungen stehen.
Neben dem „Grill & Chill" kredenzen Manuel und Patrizia auf der Hofstatt Alm leckeres Almfrühstück auf Vorbestellung. Zu Mittag kochen sie für ihre Gäste allerlei hausgemachte Gerichte wie die typischen Schlutzer und den wohl besten Kaiserschmarrn der Umgebung. Die fluffige Süßspeise aus Milch, Mehl und Eiern wird auf der Hofstatt Alm in einer eigenen kleinen Eisenpfanne für jeden serviert. Mit warmen karamellisierten Beeren und einer Prise Puderzucker – welch ein Genuss. Und nach dem Genießen legt man sich pappsatt und rundum glücklich in einen Liegestuhl oder auf die Almwiese und genießt den Tag. Panoramablick inklusive.

TIPP

Einen Abstecher zum Antholzer See einplanen, ein geschützter Bergsee im Naturpark Rieserferner-Ahrn.

● Hofstatt Alm, Walderhöfe, I-39030 Rasen-Antholz (Niedertal), Tel. +39 340 059 67 18, www.hofstatt-alm.com

Tosende Wucht der Natur

74 Reinbach-Wasserfälle in Sand in Taufers

Im Sprühnebel vor einem Wasserfall zu stehen ist unbeschreiblich. Wenn die tosenden Wassermassen so nah an einem vorbeirauschen, spürt man hautnah die immense Wucht der Natur. Man fühlt sich plötzlich klein und unbedeutend, gleichzeitig aber unglaublich stark. Die drei Reinbach-Wasserfälle gehören zu Südtirols schönsten und zugleich spektakulärsten Naturschätzen. Mitten im Naturpark Rieserferner-Ahrn lässt das Schmelzwasser des Reinbachs die Wassermengen jedes Jahr aufs Neue immens anwachsen. Alle Wasserfälle sind über einen Stufensteig erreichbar. Gestartet wird an der Wasserfallbar, die selbst schon einen Besuch wert ist. Eine nette, urige Bar am Waldrand mit selbst gebauten Holztischen auf der Terrasse und leckeren Grillgerichten zu erschwinglichen Preisen.

Bald schon kommt der erste – zehn Meter hohe – Wasserfall. Dann geht's weiter zum zweiten, etwas längeren Wasserfall. Ein Teil des Weges führt über den Besinnungsweg des heiligen Franziskus, einen Weg mit mehreren Besinnungspunkten zum Innehalten. Der dritte Wasserfall ist gleichzeitig der imposanteste. 40 Meter schießen die Wassermassen hier in die Tiefen der Reinbach-Schlucht – ohrenbetäubend und atemberaubend. Hierher ist der Weg etwas steiler, aber gut mit Zäunen gesichert. Besonders beeindruckend ist dieser Wasserfall im Sommer durch die Schneeschmelze in den Bergen. Wenn die Sonne scheint, glitzert das Gras unter der Gischt und darüber strahlt ein Regenbogen. Aber auch im Winter ist der Anblick atemberaubend, dann nämlich sind die Wasserfälle teilweise gefroren.

Nach dem Bestaunen des dritten Reinbach-Wasserfalls können Wanderlustige weiter bis zur Ruine Toblburg und zur Franz-und-Klara-Kapelle wandern. Über eine Brücke geht's auf die andere Seite der Schlucht. Hier eröffnet sich ein herrlicher Blick auf das Tal und die Orte Kematen und Mühlen in Taufers. Dann führt der Weg weiter bis ins Tal oder man geht denselben Weg wieder zurück zum Ausgangspunkt.

TIPP

Vor Weihnachten findet bei den Reinbach-Wasserfällen in Bad Winkel der Weihnachtszauberwald statt.

● Reinbach-Wasserfälle, in der Nähe der Wasserfallbar, Wasserfallweg 1, I-39032 Sand in Taufers, www.taufers.com

Mach dich sündenfrei

75 Zur Heilig Geist Kirche in Prettau-Kasern

Im hintersten Ahrntal, dort, wo die Berge hoch und die Bäche wild sind, steht eine Kapelle, angelehnt an einen mächtigen Felsbrocken: die Heilig Geist Kirche. Dieser Platz unweit vom Ortskern von Kasern ist ein ehrwürdiger. Einer, der durch die Geschichte und den Glauben vieler Generationen zu dem geworden ist, was er heute ist: ein wunderschöner Ort zum Nachdenken, selbst wenn sich hier in der Hochzeit viele Touristen tummeln.

Die Heilig Geist Kirche, die 1455 erstmals erwähnt wurde, ist Pflichtprogramm für Besucher des Ahrntals. Sie gilt als einer der schönsten Wallfahrtsorte Südtirols und um sie ranken sich viele Sagen. Einst diente sie als Knappenkirche für die Bergwerksleute des Prettauer Kupferbergwerks und bot Reisenden, die über die Joche gegangen waren, Schutz. Legenden erzählen, dass man genau hier Glockenläuten in der Erde gehört hatte. Nachdem man gegraben hatte, kam ein Bildnis des Heiligen Geistes zum Vorschein. Obwohl man es entfernte, tauchte es immer wieder auf, weshalb man an dieser Stelle eine Kapelle errichtete und sie dem Heiligen Geist widmete. Die Heilig Geist Kirche erreicht man über den Kaserer Kreuzweg, der mit 15 Stationen in 20 Minuten zur Kirche führt. Ausgangspunkt ist der gebührenpflichtige Parkplatz am Naturparkhaus in Kasern, dem nördlichsten Dorf Italiens. Bereits unterwegs sorgen die sattgrünen Wiesen und der Blick zu den Berggipfeln für Erfüllung. Die Kirche selbst ist mit ihrer Darstellung der Heiligen Dreifaltigkeit und den vielen kunstvollen Fresken äußerst sehenswert. Vor allem wegen des durchschossenen Kreuzes, um das sich ebenfalls eine spannende Sage rankt …

Bevor es wieder retour geht, ist Sündenabstreifen angesagt. Denn der Felsen, der hinter der Kirche in die Höhe ragt und diese vor Lawinen schützen soll, wurde einst als sogenannter Schliefstein genutzt. „Schliefen" ist südtirolerisch und heißt in diesem Falle „sich durchzwängen". Wer sich hier durch den Felsen zwängt, kann seine Sünden abstreifen und kommt federleicht und glückselig am anderen Ende wieder heraus.

TIPP

Bergfreunde marschieren weiter zu den nahegelegenen Hütten oder durch den Naturpark Rieserferner-Ahr.

● Heilig Geist Kirche in I-39030 Prettau-Kasern
(20 Gehminuten vom Naturparkhaus in Kasern)
Tourismusverein Ahrntal, Ahrner Straße 22, I-39030 Luttach/Ahrntal,
Tel. +39 0474 67 11 36, www.ahrntal.com, www.pustertal.org/de/highlights/

Fesselndes Dolomitenkino

76

Die Panoramascheibe der Bonnerhütte in Toblach

Wer einmal hoch oben in den Bergen war und in den Genuss der tiefenreinen Luft gekommen ist, der wohltuenden Stille und des großartigen Alpenpanoramas, der kehrt immer wieder an diesen Ort zurück. Und der weiß, wie groß sich auch kleines Glück anfühlen kann.

Von der Bonnerhütte auf der Sonnenseite von Toblach genießt man eine der schönsten Bergkulissen der Sextner Dolomiten – von hier sind sogar die Drei Zinnen sichtbar. Bei guten Wetterverhältnissen ist der Blick auf die imposanten, schroffen Dolomitengipfel vor der Panoramascheibe der Schutzhütte einfach atemberaubend. Hier verweilt man im besten Alpenkino mit Sitzplatz in der ersten Reihe. Ein wahrer Traum, der allerdings auch ein bisschen Anstrengung vorab erfordert. Gute zweieinhalb Stunden dauert die Wanderung, die anfangs durchs Silvestertal, dann weiter durchs Gebiet des Toblacher Pfannhorns und schließlich hoch zur Bonnerhütte führt. Eine anstrengende Tour, etwas steil, aber das Gelände ist grasbewachsen und auch für ungeübte Wanderer schaffbar. Also durchhalten, denn nach dem Auspowern ist der Ausblick von 2340 Metern Höhe noch überwältigender. 2006 bis 2007 hat Alfred Stoll die 1897 erbaute Schutzhütte renoviert und schließlich neu eröffnet. Seitdem ist sie von Mai bis Oktober ein beliebtes Ziel für Wanderer und Bergsteiger, die einfach mal den Alltag für ein paar Stunden hinter sich lassen möchten. Um zur Hütte zu kommen, parkt man am besten auf dem Parkplatz im Weiler Kandellen und folgt dem Schild „Bonnerhütte Nr. 25“. Oben angekommen kann man sich auf die Terrasse setzen und eines der guten Gerichte der traditionellen Südtiroler Küche genießen. Oder man wandert weiter aufs Toblacher Pfannhorn (2663 Meter) dicht an der österreichischen Grenze – ein Gipfel, der nur noch eine Stunde entfernt liegt. Auch eine Zweitagestour auf dem Toblacher Höhenweg ist beliebt. Bei beiden Routen bietet es sich an, auf der Schutzhütte mit 25 Schlafplätzen zu übernachten. Frühmorgens wartet ein unvergesslicher Sonnenaufgang im Dolomitenkino.

TIPP

Rundwanderung über die nahe gelegenen Hütten Silvesteralm, Steinbergalm, Marchhütte zur Bonnerhütte.

● Bonnerhütte, Kandellen, I-39034 Toblach, Tel. +39 340 942 82 64
www.bonnerhuette.it

Auszeit am Dolomitensee

77

Der Toblacher See im Höhlensteintal

Smaragdgrünes Wasser und die Berge, die sich auf der Wasseroberfläche spiegeln – Bergseen haben einfach etwas Wildromantisches und sind wahre Oasen zum Runterkommen, zum Energietanken und Reserven-aufladen. Der Toblacher See liegt im Höhlensteintal im Naturpark Fanes-Sennes-Prags, nicht weit vom berühmtesten, aber leider ziemlich überlaufenen See in den Dolomiten – dem Pragser Wildsee. Auch am Toblacher See ist zeitweilig viel los, aber dennoch ist der See ein Ort voller Glücksmomente. Die spürt man beim Fahren mit dem Tretboot im Sommer oder beim Eislaufen oder Curling im Winter, wenn der See teilweise zugefroren ist. Dann verläuft auch eine Langlaufloipe rund um den See.

Besonders schön ist der zerklüftete Alpensee zur Schneeschmelze im Frühling oder wenn der erste Schnee das Ufer streichelt. Zu diesem Zeitpunkt ist es hier ruhiger und das Wasser noch ein bisschen klarer als sonst. Wer frühmorgens herkommt, sieht die Tautropfen im Gras glitzern oder Eiskristalle um die Wette schimmern. Dann riecht die kalte Bergluft nach Wald und Freiheit.

TIPP

Birdwatching – der See ist ein idealer Rast- und Nistplatz für viele verschiedene Wasser- und Zugvögel.

Noch mehr Bergfeeling gibt's beim Übernachten am See. Naturliebhaber können im eigenen Zelt oder Camper direkt am Dolomitensee übernachten. Oder in den luxuriösen Skyview Chalets mit Glasdecke zum Sternegucken, mitten in der Natur und mitten im puren Glück. Der Campingplatz am Toblacher See offenbart einen atemberaubenden Blick aufs Wasser und die umliegenden Dolomitengipfel. Übrigens ist der See ein geschütztes Naturdenkmal und eines der wenigen Feuchtgebiete Südtirols. Der Naturlehrpfad mit elf verschiedenen Informationstafeln und interaktiven Stationen ist in rund zwei Stunden – auch mit Kinderwagen – begehbar. Die Rundwanderung startet am gebührenpflichtigen Parkplatz. Dann geht's teilweise durch den Wald, danach am See entlang. Unterwegs überrascht ein kleiner Strand mit Kieselsteinen. Auf einer begehbaren Panorama-Plattform kann man Wasservögel wie die Stockente oder den Zwergtaucher und sogar weiße Schwäne beobachten.

● Toblacher See, I-39034 Toblach
Camping Toblacher See, Toblacher See 3, I-39034 Toblach, Tel. +39 0474 97 31 38
www.toblachersee.com
Tourismusverein Toblach, Dolomitenstraße 3, I-39034 Toblach, Tel. +39 0474 97 21 32
www.toblach.info

Idyllisches Kleinod

78 Wallfahrtsort Dreikirchen in Barbian

Bereits seit dem 13. und 16. Jahrhundert sollen sich die drei Kirchlein in Barbian schon umarmen. Seitdem stehen sie hier dicht an dicht, miteinander verbunden durch ihre hölzernen Schindeldächer. Mitten auf einer Waldlichtung und umgeben von einer blühenden Wiese. Warum sie einst hier auf dem uralten heidnischen Quellheiligtum entstanden sind, weiß man nicht genau. Heute locken sie viele Besucher an. Nicht nur wegen ihrer Vergangenheit, sondern auch wegen des grandiosen Ausblicks. Wer bei den Dreikirchen steht, schaut übers ganze Eisacktal und auf die dahinterliegende Bergkulisse der Dolomiten. Vor allem, wenn die letzten Sonnenstrahlen die Kirchen in abendliche Ruhe hüllen, verwandelt sich dieser Ort in einen tollen Platz, um zu neuer Stärke zu finden.

TIPP

Nach telefonischer Voranmeldung beim Gasthof Messnerhof sind auch Führungen möglich.

Die drei Kirchen sind der heiligen Gertraud, dem heiligen Nikolaus und der heiligen Magdalena geweiht. Erstere wird bereits 1237 urkundlich erwähnt. Ob gläubig oder nicht, wer diesen Wallfahrtsort besucht, sollte unbedingt einen Blick ins Innere der Kirchen einplanen. Die gotischen Flügelaltäre und bunten Fresken sind wirklich beeindruckend. Den Schlüssel zu den Kirchen gibt's beim Gasthaus Messner gleich nebenan. Und übrigens auch fabelhaftes Essen mit Produkten aus eigener biologischer Landwirtschaft.

Der Ort Dreikirchen ist für den allgemeinen Verkehr gesperrt und nur zu Fuß über schöne Wanderwege oder mit dem Bergtaxi erreichbar. In rund einer Stunde geht's vom Zentrum von Barbian zuerst am unverwechselbaren schiefen Turm der Jakobskirche vorbei, dann über Wiesen und durch den Wald (Richtung Weg 3 und 11). Bald beginnt ein Trimm-dich-Pfad, dann geht's weiter über eine Forststraße und gemütlich hinauf zu den drei Kirchen. Nur das letzte Teilstück ist etwas steil, aber der Anstieg macht sich bezahlt. Das Kleinod auf 1150 Metern ist ein besonderer und absolut sehenswerter Ort, an dem man unbedingt eine Zeit lang innehalten sollte. Also den Anblick der Kirchen und des Naturpanoramas ringsum genießen und im Moment verweilen.

● Dreikirchen in Barbian, am Gasthof Messnerhof, Dreikirchen 8, I-39040 Barbian, Tel. +39 0471 65 00 59, www.messnerhof-dreikirchen.it

Das Arkadien Tirols

79 Hügel von Castelfeder im Südtiroler Unterland

Orte, die auf eine lange Geschichte zurückblicken, haben immer etwas Verzaubertes an sich. Sie ziehen Menschen förmlich an. Einer dieser Plätze in Südtirol ist der Hügel von Castelfeder.

Zwischen den Ortschaften Montan, Neumarkt und Auer befand sich einst eine prähistorische und römische sowie frühmittelalterliche Siedlung. Vor allem im Frühling und im Spätherbst lohnt sich ein Ausflug auf den Porphyr-Hügel. Dann hüllt das Sonnenlicht den Ort und die Zeugnisse menschlicher Besiedelung in ein geheimnisvolles Kleid – die drei als Kuchelen bezeichneten Rundbögen, die zwei Turmruinen als Überreste einer spätantiken drei Meter hohen Ringmauer und die Ruinen der romantischen Barbarakapelle aus dem sechsten Jahrhundert. Die Geschichte reicht aber noch weiter zurück. Brandopferplätze sowie die archäologischen Funde von Urnengräbern mit Grabbeigaben aus dem zweiten Jahrtausend vor Christus zeugen von einer Besiedelung von der Bronzezeit bis in die Spätantike. Heute ist der gesamte Hügel ein geschütztes Biotop. Auf ihm weiden frei laufende Ziegen, die den Rasen an manchen Stellen sattgrün und nahezu so sauber halten wie auf einem Golfplatz. Dazwischen wächst wildes Steppengras, strecken alte, knorrige Eichenbäume ihre Äste in den Himmel, liegen kleine Tümpel und Weiher, Moore und alte Pflasterwege. Sogar Reste eines Auwaldes sind hier zu finden.

TIPP

Die Wanderungen starten an der Sportzone Schwarzenbach in Auer oder an der Sportzone Montan.

Und welchen Ausblick Besucher erlangen, ist einfach einmalig: Man blickt über weite Teile des Südtiroler Unterlandes: über das Etschtal, über Eppan und Kaltern und sogar bis zur Salurner Klause, der Grenze zum Trentino. Castelfeder wird übrigens auch als Arkadien Tirols bezeichnet. Arkadien war einst das Berg- und Hochland der Antike, in dem ein Hirtenvolk im Einklang mit der Natur abgeschieden vom Rest der Welt lebte. Und so fühlen sich Besucher des Hügels von Castelfeder heute auch ein bisschen: abseits von Lärm und Hektik, einfach nur im Hier und Jetzt, an einem ganz besonderen Ort.

● Hügel von Castelfeder, Tourismusgenossenschaft Castelfeder, Hauptplatz 5, I-39040 Auer, Tel. +39 0471 81 02 31, www.castelfeder.info

Das Glück erwandern

80 Fischleintal und Drei Zinnen im Pustertal

Das Fischleintal gilt als eines der schönsten Täler in ganz Südtirol. Und wer einmal hier war, der versteht warum. Die Natur zeigt sich von ihrer schönsten Seite: blühende Wiesen, erhabene Lärchen und dazwischen immer wieder urige, kleine Holzhütten, die den Bauern dazu dienen, ihr würziges Bergheu darin zu lagern.
Aber das Fischleintal ist nicht nur der Schönheit wegen einen Ausflug wert, sondern auch, weil von hier unzählige Wanderwege starten, wie jener hoch zu den weltberühmten Drei Zinnen, dem Wahrzeichen Südtirols. Das Fischleintal ist vier Kilometer lang und bietet Wanderern unterwegs einen einzigartigen Blick auf die Sextner Sonnenuhr, die sich durch fünf felsige Gipfel formt. Durch den Neuner, Zehner, Elfer, Zwölfer und Einser. Am Ende des wildromantischen Tals liegt die Talschlusshütte. Hier servieren die Hüttenwirte ihren Gästen leckeres regionales Essen – also unbedingt einkehren.
Um die Drei Zinnen vom Fischleintal aus zu erwandern, braucht es etwas Kondition, die Wanderung lohnt sich aber. Die große Zinne ist mächtige 2999 Meter hoch und die gesamte Felsformation gehört seit 2009 zum UNESCO-Welterbe. Die Kalkriesen bieten zu jeder Jahreszeit und in jeder Lichtsituation einen überwältigenden Anblick. Das Schauspiel der Farben vom kühlen Grau bis ins glühende Rot bleibt garantiert unvergesslich. Am besten plant man fürs Fischleintal und die Drei Zinnen einen ganzen Tag ein und startet bereits frühmorgens zeitig. Eine Möglichkeit ist die Route von der Talschlusshütte zur Zsigmondyhütte, weiter zur Büllelejochhütte und zur Drei-Zinnen-Hütte. Wer den Massen etwas aus dem Weg gehen möchte, sollte die Drei Zinnen lieber abseits der touristischen Hochsaison besuchen, beispielsweise im späten Herbst. Wer es gemütlicher mag, kann im Sommer über die Mautstraße bis zur Auronzohütte oder am besten mit einem der zahlreichen Busse zu den Drei Zinnen hochfahren. Dort angekommen, lassen sich die Drei Zinnen in etwa vier Stunden umrunden.

TIPP

Auch für Kletterer sind die Drei Zinnen ein wahres Paradies. Es gibt zahlreiche Klettersteige.

● Fischleintal und Drei Zinnen, I-39030 Sexten-Moos
Tourismusverein Sexten, 3 Zinnen Dolomites, Dolomitenstraße 45, I-39030 Sexten, Tel. +39 0474 71 03 10
www.sexten.it, www.drei-zinnen.info, www.talschlusshuette.com

Bibliografische Informationen der Deutschen Nationalbibliothek
Die Deutsche Nationalbibliothek verzeichnet diese Publikation in der Deutschen Nationalbibliografie; detaillierte bibliografische Daten sind im Internet über http://dnb.d-nb.de abrufbar.

2. Auflage 2021
Konzeption/Satz: Droste Verlag, Düsseldorf
Einbandgestaltung und Illustrationen: Britta Rungwerth, Düsseldorf, unter Verwendung von Bildern von © Fotolia.com: jd - photodesign.de; © iStock: Plociennik Robert
© Fotos: Petra Schwienbacher, außer:
S. 9: Claudia Robatscher, Hotel Pattissenhof; S. 11: Alex Filz; S. 13: Stefan Bernhard; S. 15: Tobias Pinggera; S. 17: Puni Destillerie; S. 21: Patrizia Gapp; S. 23, 45: Manuela Tessaro; S. 25: Lisa Saltuari - Southtyrol Foodguide; S. 27: Norbert Span; S. 29: Onkel Taa; S. 31: TV Algund - Frieder Blickle; S. 33: Georg Tappeiner; S. 37: Happm Pappm - Tiberio Sorvillo; S. 39: Oswald Breitenberger; S. 41, 63: Benjamin Pfitscher; S. 43: IDM Südtirol - Alex Filz; S. 47: Daniel Mazza; S. 51: Naturbad Gargazon - Armin Terzer; S. 53: Archiv Frauenmuseum; S. 55: Susanne Spiel; S. 57: Lisa Maria Kager; S. 59: Anna Gruber; S. 67: Michael Guggenberg; S. 69: Anita Augscheller Fotografie; S. 71: Arno Ebner; S. 73: Florian Andergassen; S. 75: Marion Lafogler; S. 77: Cobo; S. 79: Helmuth Rier (eppan.com); S. 81: Novo; S. 83: Inge Pomella/ Kathrin Obletter; S. 85, 105: Alex Filz; S. 89: Luca del Gesso; S. 91: Weingut Elena Walch; S. 93, 111, 115, 125, 129, 133, 163: Christian Mahlknecht; S. 95: Pizzerita Team; S. 97: Armin Mayr; S. 99: Simon Profanter; S. 101: Ingrid Heiss; S. 103: Lukas Rung-galdier; S. 109: Helmut Moling; S. 113: Manuel Ferrigato - Furchetta; S. 117: Gemeinde Vahrn; S. 121: Sharif Emam; S. 123: Tourismusgenossenschaft Sterzing Pfitsch Freienfeld - Klaus Peterlin; S. 127: Davide Barolo; S. 131: Nico; S. 135, 149: Manuel Kottersteger; S. 137: Alex Filz - Gitschberg Jochtal; S. 139: Dolomitactiv Team; S. 141: Florian Renz (florian-renz.de); S. 143: TV Sterzing Ratschings - Manuel Kottersteger; S. 145: Klaus Peterlin; S. 147: TV Terenten; S. 151: Landesmuseum Bergbau - Museo Provinciale Miniere; S. 153: Hofstatt Alm; S. 155: TouristInfo Sand in Taufers - Campo Tures; S. 157: TV Ahrntal - Norbert Fuchsbrugger; S. 159: Bonnerhüttenteam; S. 161: IDM Südtirol - Manuel Kottersteger; S. 165: Tourismusgenossenschaft Castelfeder - Luca del Gesso; S. 167: Harald Wisthaler (wisthaler.com)

MIX
Papier aus verantwortungsvollen Quellen
FSC® C011279
www.fsc.org

Druck und Bindung: LUC GmbH, Greven
ISBN 978-3-7700-2226-7

www.droste-verlag.de